LAS 100 MEJORES RECETAS

chocolate

LINDA DOESER

Queen Street House
4 Queen Street
Bath BA1 1HE, RU

Creado y producido por
The Bridgewater Book Company Ltd.,
Lewes, East Sussex

Fotografía Ian Parsons

Traducción del inglés: Montserrat Ribas
para Equipo de Edición S.L., Barcelona
Redacción y maquetación:
Equipo de Edición S.L., Barcelona

ISBN 1-40544-806-7

Impreso en Malasia
Printed in Malaysia

NOTA

Se considera que 1 cucharadita equivale a 5 ml y 1 cucharada a 15 ml. Si no se indica otra cosa, la leche será siempre entera, los huevos y las verduras u hortalizas, como por ejemplo las patatas, de tamaño medio, y la pimienta, pimienta negra recién molida.

Los tiempos dados para cada receta son sólo orientativos porque la preparación puede diferir según las técnicas utilizadas por cada persona y el tiempo de cocción puede variar según el tipo de horno utilizado. El horno se tiene que precalentar siempre a la temperatura especificada. Si utiliza un horno con ventilador, lea las instrucciones del fabricante para ajustar el tiempo y la temperatura. Los tiempos de preparación incluyen los de maceración y permanencia en la nevera, cuando la receta lo requiere.

La información nutricional ofrecida para cada receta se refiere a una ración individual. Los ingredientes opcionales, variaciones o sugerencias para sevir no están incluidos en los cálculos.

Las recetas que llevan huevo crudo o muy poco cocido no son indicadas para los niños muy pequeños, los ancianos, las mujeres embarazadas, las personas convalecientes y cualquiera que sufra alguna enfermedad.

sumario

introducción

El chocolate parece tener un poder de atracción del que carece cualquier otro alimento. Los químicos todavía no están seguros de cuál es el componente que lo hace tan irresistible para tantas personas. Decir que el consumo de chocolate se puede convertir en adicción no es una exageración, puesto que contiene una anfetamina natural que estimula el sistema nervioso para que produzca una sensación de bienestar, y también contiene teobromina y cafeína, ambas estimulantes. Su cremosa textura y el curioso hecho de que se funde a la misma temperatura que la sangre lo convierten en algo deliciosamente seductor.

Pocas personas pueden resistirse a un postre o un pastel de chocolate, pero se tiende a pensar que la repostería de este exquisito ingrediente está reservada a los expertos. Este libro sin duda dará al traste con ese mito, pues ofrece unas recetas de aspecto impresionante que no requieren técnicas complicadas ni especiales capacidades del cocinero aparte de amor por la buena comida y el deseo de complacer a familiares y amigos. Esta recopilación reúne recetas de repostería adecuadas para cada ocasión, así como ideas para bebidas. A continuación se detallan los diversos tipos de chocolate, se explica cómo comprar el adecuado y cómo conservarlo, y se dan instrucciones sencillas para fundirlo y preparar fáciles pero espectaculares adornos de chocolate.

Y piense que no hay que sentirse culpable por comer chocolate, porque es nutritivo. Proporciona unas 600 calorías por cada 100 gramos, especialmente en forma de grasas, azúcares, proteínas y hierro. Por eso forma parte del equipo de supervivencia de soldados y alpinistas.

la historia del chocolate

El árbol del cacao se cultiva desde el siglo VII y es originario de América Central y del Sur. Su nombre científico es *Theobroma cacao*, que significa «alimento de los dioses».

El chocolate que conocemos hoy en día tiene poco que ver con el *xocoatl*, la infusión que tomaban incas, mayas y aztecas. Se trataba de una bebida extremadamente amarga que solían aromatizar con especias, entre ellas guindilla. La espuma, considerada la parte más sabrosa del brebaje, la conseguían vertiéndolo desde cierta altura en un recipiente.

Las bayas de cacao tenían un gran valor y se utilizaban como moneda de cambio. Quizá por eso el chocolate tenía también gran importancia ceremonial, y se servía en los banquetes, se ofrecía a los dioses y se utilizaba para ungir a los recién nacidos.

Los primeros europeos que conocieron el cacao fueron los que acompañaron a Colón en su cuarto viaje al Nuevo Mundo, en 1502, cuando capturaron una canoa con comerciantes mayas cargada de bayas de cacao y otros tesoros. No obstante, aunque conocían su valor como moneda de cambio, no llegaron a descubrir que con ellas se podía preparar una bebida. Tuvieron que pasar 20 años para que conocieran la verdad sobre esas «almendras» negras; ocurrió cuando los españoles invadieron México bajo las órdenes de Hernán Cortés. Al principio a los conquistadores les repugnaba aquella bebida oscura y amarga, pero pronto aprendieron a apreciarla, sobre todo cuando oyeron rumores sobre sus propiedades afrodisíacas. Cortés se llevó unas cuantas bayas en su viaje de regreso, y de camino plantó algunas en África. Al cacao le añadieron azúcar y especias de sabor suave como la vainilla y la canela, y los españoles pronto se hicieron adictos a él. Los curas predicaban en su contra desde el púlpito, porque las damas no podían resistirse a ir bebiéndolo a sorbitos mientras escuchaban el sermón.

Los reyes españoles y su corte custodiaron el secreto de las delicias del chocolate hasta 1606, cuando Antonio Carlutti lo llevó a Italia. A partir de entonces, el placer de beber chocolate se extendió rápidamente por toda Europa, y los cocineros italianos empezaron a experimentar añadiéndolo a preparaciones dulces, como sorbetes y helados.

A principios del siglo XVII el sugestivo brebaje era un lujo muy caro del que sólo podían disfrutar los aristócratas de las cortes europeas, pero pronto empezaron a proliferar las chocolaterías por todo el continente, y se convirtieron en el punto de encuentro de los intelectuales de vanguardia. Cuando surgieron en Londres los primeros de esos establecimientos, precursores de los clubes para caballeros, estuvieron cierto tiempo prohibidos por Carlos II, quien consideraba que allí se cocía la política más radical. La Cocoa Tree Chocolate House, que después se convirtió en el Garrick Club, fue uno de los primeros cuarteles generales de los jacobitas, y la White's Chocolate House fue sede de los liberales y posteriormente de los conservadores. Numerosos poetas, dramaturgos y aspirantes a políticos solían frecuentar esas chocolaterías

La bebida de chocolate que se tomaba entonces estaba hecha de una pasta áspera y friable con un elevado contenido graso. Dos siglos después, un holandés llamado C. J. van Houten inventó una prensa de husillo que eliminaba la grasa o manteca de cacao de las bayas, dejando un polvo residual que empezó a conocerse como «cacao». Ese polvo se disolvía con más facilidad en agua y se consideraba más digestible que el producto con toda su grasa. A la manteca de cacao sobrante se le encontró un uso cuando la firma inglesa Fry & Sons le añadió azúcar y licor de chocolate para producir el primer chocolate comestible sólido. Los precios eran muy altos debido a los aranceles que se aplicaban a la importación de bayas de cacao, pero bajaron en 1853, y la importación de azúcar barato también contribuyó a reducir el precio del chocolate, aunque siguió siendo un lujo.

El chocolate sólido que se elaboraba al principio sólo llevaba cacao, y tenía una textura áspera y granulosa. El primer chocolate con leche se produjo en Suiza con leche en polvo, un nuevo producto fabricado por Henri Nestlé. Se mezcló leche con licor de chocolate y después se deshidrató el producto y se le añadió manteca de cacao, en un proceso muy similar a la elaboración actual de la leche condensada. Los suizos dominaron el mercado del chocolate con leche hasta principios del siglo XX, y siguieron mejorando su receta hasta convertirla en las suaves y cremosas tabletas que conocemos hoy en día.

El chocolate llegó a un público más amplio cuando se incluyó en las mochilas de supervivencia de las tropas durante la Primera Guerra Mundial. Después de la guerra, el precio del chocolate siguió bajando al ritmo que lo hacía la materia prima, y por otro lado los avances tecnológicos comportaron el descenso de los costes de producción. A finales de la Segunda Guerra Mundial, los productos elaborados con chocolate se vendían mejor que los que sólo contenían azúcar, y así ha seguido siendo hasta la actualidad.

la producción del chocolate

El árbol del cacao, *Theobroma cacao,* se cultiva en la franja tropical comprendida entre los 20° de latitud norte y sur. Necesita humedad todo el año y que la temperatura no baje de los 18 °C. África occidental suministra el 60% del cacao mundial, mientras que Brasil es el mayor productor de Sudamérica. El cacaotero, que se cultiva bajo bananos o árboles del caucho para que le den sombra, empiezan a producir vainas cuando tienen entre tres y cinco años. Aunque produce flores todo el año, sólo unas 30 por árbol se convierten en vainas o frutos alargados de color rojo o amarillo, que crecen directamente del tronco. Cada vaina contiene unas 30-40 bayas de color blanco o violáceo, las bayas del cacao.

Después de la cosecha, las vainas se parten y se extrae el contenido. Las bayas y la pulpa que las rodea se apilan sobre hojas de banano y se cubren con otra capa de hojas humedecidas. Entonces se dejan fermentar al sol durante unos cinco o seis días. A medida que fermentan, la pulpa se licua y se va escurriendo, mientras que las bayas se vuelven de color marrón oscuro. Ese proceso es esencial para que se vaya desarrollando un buen sabor. Una vez fermentadas, las bayas se secan al sol, y después se exportan al país elaborador, donde se convertirán en las familiares tabletas de chocolate que tanto éxito tienen, entre otras presentaciones.

Después de la limpieza, la primera fase de la elaboración es el tueste, que contribuye a acentuar el sabor del cacao. A continuación se procede al troceado y el descascarillado, y las bayas se muelen en unos molinos metálicos con sofisticados controles de temperatura. Con el proceso de molturación se obtiene la manteca de cacao, y lo que queda es una pasta densa: el licor de chocolate. Éste se endurece al enfriarse y se convierte en el chocolate amargo para cocinar. Con las siguientes presiones se extrae todavía más manteca de cacao, y la pastilla sólida que queda es la que se muele para obtener el cacao en polvo. Para elaborar una tableta de chocolate negro se añade manteca de cacao y azúcar al licor de chocolate. Con la adición de leche en polvo se obtiene la versión con leche.

El siguiente proceso se conoce como «concheado». La mezcla semilíquida se vierte en máquinas que amasan intensamente la pasta a temperaturas entre 55 y 85 °C. Eso hace que la humedad se evapore, que mejore la textura y que se vaya desarrollando el sabor; este proceso puede durar de varias horas a una semana, según la calidad que se quiera obtener. Hacia el final del concheado se añaden los sabores deseados. La vainilla es el más común en el chocolate europeo y norteamericano, pero también se suele recurrir a otros como la menta, el café y la naranja.

Antes de moldear el chocolate en tabletas u otras formas, se templa dejándolo enfriar con sumo cuidado a 26 °C. Esto mejora todavía más la textura y el brillo, y realza las cualidades del producto.

tipos de chocolate

El amargo es el chocolate sin edulcorar que se utiliza para cocinar. No es fácil encontrarlo pero resulta excelente para preparar productos horneados. La cobertura de chocolate tiene un elevado porcentaje de manteca de cacao y normalmente sólo se vende a pasteleros profesionales. Se desliza muy suavemente y por eso resulta ideal para recubrir. Se encuentra sin o con leche, pero suele ser cara.

El chocolate negro es el más útil para cocinar, ya que aporta un intenso sabor. Actualmente es fácil encontrarlo de buena calidad en los supermercados. Para calibrar la calidad de un chocolate, lea la etiqueta y busque un elevado contenido de cacao: los mejores son los que contienen a partir de un 50%. Los que tienen más de un 65% puede que no gusten a todo el mundo, porque tienden a ser de sabor muy intenso y amargo. Compre el chocolate de mejor calidad que pueda permitirse porque la preparación ganará en textura, sabor y atractivo visual. El chocolate con leche no es un buen sustituto en la mayoría de las recetas, ya que resulta muy dulce y no tiene tanto sabor. Sin embargo, queda bien fundido y aplicado como decoración sobre chocolate negro o moldeado en forma de huevos de Pascua para los niños. Procure que contenga por lo menos un 40% de cacao.

Estrictamente hablando, el chocolate blanco no es chocolate, pues contiene manteca de cacao, leche y azúcar, pero no licor de chocolate. No se suele utilizar en repostería por su escaso sabor, pero su consistencia cremosa lo hace adecuado para preparar postres fríos, y proporciona un sorprendente contraste combinado con chocolate negro.

En el mercado se puede adquirir cobertura para pasteles artificial, pero no es adecuada para las recetas de este libro. Contiene un mínimo del 2,5% de cacao, y grasa vegetal en lugar de manteca de cacao. Es considerablemente más barata que el chocolate auténtico, pero su sabor y su textura dejan mucho que desear. Sin embargo, puede ser más fácil de manipular que el chocolate auténtico, porque cuesta menos que se funda. Es más fluida que el chocolate fundido y cuaja en seguida una vez aplicada.

El cacao en polvo es una forma económica y conveniente de conseguir un buen sabor a chocolate para los productos horneados, si bien no es adecuado para los crudos debido a su textura. Una buena alternativa al chocolate amargo se consigue mezclando 3 cucharadas de cacao en polvo con 1 cucharada de mantequilla. Añada 1 cucharada de azúcar y obtendrá un sustituto válido del chocolate negro.

El chocolate para batidos consiste en una mezcla de cacao y azúcar, y normalmente es demasiado dulce para utilizarlo en la cocina, a menos que se reduzca el azúcar que indica la receta teniéndolo en cuenta.

La algarroba no tiene nada que ver con el chocolate, ya que forma parte de la familia de las legumbres, pero la algarroba tratada y el chocolate tienen puntos en común, así que merece la pena mencionarla en este libro. Esta leguminosa se cultiva en todo el Mediterráneo y en Estados Unidos. Las bayas, que guardan cierto parecido con las habas, crecen dentro de unas vainas de color marrón muy oscuro y brillante, de textura parecida al cuero. Las semillas se someten a diversos procesos y se utilizan como agente gelificador, mientras que las vainas se tuestan, muelen y tamizan para obtener el polvo de algarroba, que se puede utilizar como sucedáneo del chocolate. Con algarroba molida, azúcar de caña sin refinar, grasas vegetales, leche descremada en polvo, lecitina y aromatizantes, se elaboran tabletas. La algarroba es rica en vitaminas y minerales, no contiene azúcar refinado, teobromina, cafeína ni ácido oxálico, y aporta menos calorías que el chocolate. Sirve como sustituto del chocolate para muchas recetas, aunque no tendrá el acabado brillante del chocolate al fundirla. Además, para los amantes del chocolate, nunca podrá sustituirlo.

compra y conservación del chocolate

Cuando abra una tableta de chocolate compruebe que la superficie esté reluciente y uniforme. El chocolate llamado «negro» tendría que ser de un color caoba oscuro, no negro. La tableta debería partirse con un golpe seco, y la parte que quedara al descubierto debería presentar una textura como de corteza de árbol. Al dejar que un trozo de chocolate se funda en la boca, debería tener un sabor limpio, y el aroma tendría que evocar azúcar caramelizado, madera, fruta, flores o especias. Tendría que ser cremoso pero no aceitoso, y debería fundirse con rapidez, lo que es indicio de un elevado contenido de manteca de cacao.

En las condiciones adecuadas, el chocolate negro y el chocolate con leche se conservan hasta un año, pero el blanco tiende a deteriorarse al cabo de unos ocho meses. Debería envolverlo bien y guardarlo en un lugar fresco y seco, a poder ser entre 16 y 18 °C. La capa blanca grisácea que aparece en la superficie del chocolate que no se ha guardado en condiciones se llama «moho». El chocolate que se guarda a menos de 13 °C suele adquirir una capa de moho y «suda» al volver a dejarlo a temperatura ambiente. El que se conserva a una temperatura demasiado alta también desarrolla moho.

El «moho de la grasa» aparece cuando el chocolate se calienta y se enfría. Es muy graso y se desprende fácilmente de la superficie. El «moho del azúcar» aparece en forma de corteza blanca de cristales de azúcar sobre el chocolate que se ha guardado en la nevera.

el chocolate en la cocina

En la cocina europea y norteamericana el chocolate se utiliza mucho para dar sabor a pudines, postres, pasteles, galletas y helados, y se suele combinar con frutos secos, frutas, menta, café y licores. En forma de cacao en polvo, ofrece un sabor concentrado y se utiliza para los productos horneados y para las coberturas. El chocolate en tableta fundido se emplea para los pasteles más suculentos y para aromatizar cremas, mousses, *soufflés*, salsas y helados.

Normalmente se piensa en el chocolate como un ingrediente propio de la repostería, pero también se pueden aderezar con él platos salados, por ejemplo, ciertos guisos de caza y los famosos moles mexicanos. Aporta profundidad al sabor y un color más oscuro a las salsas. Se cree que en Europa fueron los italianos quienes primero lo incorporaron en platos salados, como las empanadas de carne, y todavía lo utilizan para hacer la salsa *agrodolce*, que sirve para acompañar la carne de jabalí y de liebre. Los españoles adoptaron la costumbre y existen platos catalanes aromatizados con chocolate. Con más frecuencia se utiliza en la cocina latinoamericana, lo que refleja la influencia española.

cómo fundir el chocolate

El chocolate se quema muy fácilmente si se calienta a más de 44 °C, y cuaja en forma de grumos duros. Eso también ocurre si entra en contacto con cualquier líquido o vapor mientras se está derritiendo. Si se llega a solidificar, por lo general no hay nada que hacer, pero merece la pena intentar recuperarlo añadiendo un poco de aceite, ya que a veces ayuda. Pero hay que tener en cuenta que siempre se debe ir con mucho cuidado al fundir el chocolate, pues es extremadamente sensible al calor.

El chocolate se puede fundir con tranquilidad con una pequeña cantidad de líquido, como leche, nata líquida, agua o alcohol, siempre y cuando se ponga en el cazo todo a la vez. Y se derretirá de forma más rápida y uniforme si antes se rompe en trocitos pequeños. Evite remover el chocolate mientras no se haya fundido, y después hágalo con mucho cuidado con una cuchara de madera, hasta que esté liso.

También se puede añadir chocolate a una gran cantidad de líquido y dejar que se funda sin remover. Una vez derretido, remueva con mucho cuidado hasta obtener una mezcla suave.

Existen distintas formas de fundir el chocolate. Los métodos que se exponen a continuación son los que mejores resultados dan.

Al calor de vapor de agua: rompa el chocolate en trocitos, póngalo en un pequeño cuenco refractario y encájelo sobre un cazo con agua hirviendo a fuego suave, asegurándose de que la base del bol no toque el agua. Retire el cazo del fuego y espere a que el chocolate se haya derretido.

En el horno: ponga el chocolate en una fuente refractaria pequeña y llana, y déjelo en el horno precalentado a 110 °C hasta que se haya fundido.

En el microondas: ponga el chocolate en un cuenco adecuado para el microondas y caliéntelo a potencia alta durante 1-2 minutos, removiendo con cuidado de vez en cuando, hasta que se haya fundido. El tiempo exacto dependerá de la cantidad de chocolate, del tamaño del cuenco y de la potencia del horno. Cuando derrita chocolate blanco en el microondas, gradúelo a la posición media y déjelo 1 minuto, remueva y déjelo otro minuto más, hasta que se haya fundido.

En una bolsa de plástico: ésta es una manera limpia y muy práctica de fundir una

pequeña cantidad de chocolate, especialmente si luego la bolsa se va a usar para aplicar el chocolate como si fuera una manga pastelera (*véase* págs. 11-12). Introduzca el chocolate en una pequeña bolsa de plástico para alimentos, ciérrela bien y déjela en un cazo con agua caliente. Cuando el chocolate esté fundido, recorte una punta de la bolsa y apriete como si fuera una manga pastelera.

consejos para manipular el chocolate fundido

• Deje enfriar un poco el chocolate fundido antes de mezclarlo con otros ingredientes.
• Para coberturas y salsas para mojar, añada una pequeña cantidad de mantequilla o aceite al chocolate para que quede más suave y fluido.
• Añada el chocolate al resto de los ingredientes líquidos en lugar de verter el líquido en el chocolate.
• Cuando añada chocolate fundido a la pasta de un bizcocho, hágalo antes de incorporar los huevos y la harina.
• Cuando prepare una mousse o un *soufflé*, mezcle el chocolate fundido con las yemas de huevo y los ingredientes aromatizadores antes de añadir la nata líquida y las claras de huevo.

decoraciones caseras

Después de realizar el esfuerzo de hacer un maravilloso pastel, pudin o postre de chocolate, una atractiva decoración le dará el toque final y hará que parezca obra de un profesional. Algunos adornos de chocolate pueden resultar bastante complicados de hacer al principio, y necesitará un poco de práctica hasta conseguir el efecto deseado. Otros son muy fáciles aunque también sorprendentes. Si no se siente demasiado seguro, experimente primero con las coberturas artificiales, pues son más fáciles de manipular que el chocolate auténtico de buena calidad. Y aun cuando el resultado sea desastroso, siempre puede volver a fundir el chocolate y volverlo a intentar. Deje los adornos en un lugar fresco para que cuajen, pero no en la nevera o aparecerá el desagradable moho.

A continuación se describen algunas de las decoraciones más sencillas, como las virutas, el chocolate rallado y las hojas de chocolate. Recubrir a medias unas frutas, por ejemplo, unas fresas, resulta rápido y vistoso; además, no sólo quedan muy bonitas encima de un pastel, sino que también son deliciosas y saludables.

chocolate rallado: Ésta es una de las formas más rápidas y efectivas de hacer un adorno de chocolate en casa. Según el calibre del rallador que utilice podrá obtener distintas texturas y efectos, desde un fino chocolate en polvo hasta pequeñas virutas. Puede espolvorear el chocolate rallado sobre un postre o utilizarlo para recubrir la parte superior y lateral de un pastel previamente recubierto con nata o crema de mantequilla. Unas líneas alternas de chocolate rallado blanco y negro pueden quedar muy atractivas como decoración. Reboce unas trufas caseras con chocolate negro, con leche o blanco finamente rallado.

virutas de chocolate: Hágalas con una tableta gruesa de chocolate que previamente habrá dejado ablandar un poco. No tiene que estar ni demasiado fría ni demasiado caliente: sólo a base de probar y rectificar conseguirá el punto justo. Deslice un pelapatatas por el lado de la tableta y deje que las virutas vayan cayendo sobre un plato. Luego, espárzalas con suavidad sobre el pastel o el postre que quiera decorar.

canutillo de chocolate: Extienda una fina capa de chocolate derretido sobre una superficie plana, preferiblemente de mármol, y en cuanto parezca que se ha solidificado, pero mientras todavía esté blanda, pase un cuchillo o raspador en un ángulo de 45 °C respecto a la superficie de modo que se vayan formando unos canutillos largos. A medida que los vaya haciendo, levántelos con suavidad con la punta de un cuchillo. Si fuera necesario, puede guardarlos en una caja en la nevera durante unas horas, hasta que los necesite.

hojas de chocolate: Las hojas de chocolate son fáciles de hacer, y se pueden preparar con cualquier tipo de hoja fresca, siempre y cuando no sea venenosa, por supuesto. Escoja las que tengan una buena nervadura y una bonita forma, pues se imprimirán en el chocolate. Las de rosa son ideales. Lávelas y séquelas bien, y después pinte la parte inferior con chocolate. Deje las hojas recubiertas de chocolate sobre papel vegetal hasta que hayan cuajado, y después desprenda con cuidado una punta de la hoja y sepárela del chocolate.

formas de chocolate: Si quiere hacer unos adornos en forma de cuadrados, rombos o triángulos, extienda una fina capa de chocolate fundido sobre una hoja de papel vegetal y espere hasta que empiece a solidificarse. Con una regla y un cuchillo afilado, recorte el chocolate primero en un cuadrado, y con cuidado vaya recortando las formas angulosas que desee. Déjelas en un lugar fresco hasta que se endurezcan del todo, y después retire el papel. Para otras formas, utilice un cortapastas metálico. Los cortadores de gelatina son ideales para los adornos en miniatura. Estas delgadas formas de chocolate se estropean muy rápidamente, así que se recomienda consumirlas cuanto antes. Como son tan frágiles, es aconsejable guardarlas, mientras no se utilicen, en un recipiente hermético en la nevera. Siempre y cuando hayan cuajado a temperatura ambiente y no las guarde demasiado tiempo, no aparecerá la desagradable capa de moho.

cestitas de chocolate: Introduzca un capacillo para magdalenas o bollitos dentro de otro, y después forre el interior con chocolate fundido. Para extender el chocolate de manera uniforme por el interior de los moldes, ayúdese con un pincel o una cuchara. Espere a que el chocolate cuaje y, si lo desea, añada otra capa. Siempre quedará mejor aplicar dos capas finas que una sola gruesa. Deje los capacillos en un lugar fresco hasta que el chocolate se haya solidificado, y a continuación retire con cuidado los moldes de papel. Las cestitas de chocolate son sabrosos recipientes comestibles para frutas y cremas, mousses o helados, y las más pequeñas pueden rellenarse con frutos secos o pasta de trufa.

conchas de chocolate: Las conchas grandes constituyen una atractiva base para la fruta o el helado, y las pequeñas se pueden utilizar para decorar pasteles y postres. Cubra unas conchas de vieira o similares con plástico de cocina. Extienda con un pincel una fina capa de chocolate. Espere a que cuaje y aplique una segunda capa. Cuando se haya solidificado del todo, retire con cuidado el plástico.

aplicaciones de chocolate fundido: Hágalas con una manga pastelera provista de una boquilla fina, o con una bolsa de papel parafinado especial para este uso. También puede utilizar una bolsa de plástico para fundir y aplicar el chocolate directamente (*véase* pág. 9). Una manera sencilla de conseguir un acabado profesional es aplicar chocolate fundido directamente sobre un pastel o postre. Puede escribir letras o hacer dibujos. El método más sencillo es rociar el

chocolate sin seguir ningún patrón. Para crear de forma sencilla un efecto sorprendente sobre un pastel, recúbralo primero con azúcar glas y a continuación aplique una espiral de chocolate fundido, con los círculos bien separados. Deslice la punta de un cuchillo desde el borde del pastel hasta el centro, dividiéndolo en cuartos. Después, hágalo en sentido contrario, desde el centro hacia el borde, entre las primeras separaciones; así conseguirá un efecto fino como de pluma.

decoraciones aplicadas: Dibuje la forma que desee sobre papel de hornear antiadherente y póngalo cara abajo. Introduzca el chocolate fundido dentro de una manga pastelera de papel parafinado. Espere unos segundos para que se enfríe y se endurezca ligeramente, recorte la punta de la bolsa y siga las líneas dibujadas con el chocolate. Deje que se solidifique y después retire con cuidado el papel.

encaje de chocolate: Envuelva un rodillo de cocina con papel de hornear antiadherente y aplique el chocolate fundido con una manga pastelera, trazando dibujos geométricos o simplemente ondulaciones. No haga líneas demasiado finas o se romperán. Cuando se hayan solidificado, despéguelos con cuidado del papel.

cestitas de encaje de chocolate: Ponga un molde múltiple para bollos cara abajo y cúbralo con plástico de cocina, presionando bien para que se ajuste. Con la manga pastelera, aplique un círculo en los bordes superiores e inferiores, y después únalos con un dibujo de rejilla. Una vez solidificado el chocolate, retire las cestitas de encaje de los moldes.

decoraciones industriales

Si no tiene tiempo para hacer sus propios adornos de chocolate, tenga en cuenta que en la mayoría de los supermercados se puede encontrar una gran variedad de productos preparados. Por lo tanto, ni siquiera tendrá que acudir a una tienda especializada. Suelen estar en la sección de productos para repostería casera, pero también puede que estén en la de pastelería. Siempre resulta útil tener algunos de estos adornos en casa, para poder decorar en cualquier momento un postre o un pastel.

gotas de chocolate: Se venden de chocolate negro, con leche o blanco. Se pueden incorporar en la pasta de bizcochos y galletas tal cual para que no se mezclen, o aplicar como sencillos adornos sobre un pastel. También se derriten de forma rápida y fácil, y son una buena alternativa a las tabletas cuando se necesita chocolate fundido.

botones de chocolate: Resultan muy prácticos para decorar pasteles infantiles.

barritas de chocolate en copos: Los copos de chocolate son una atractiva decoración para pasteles, bebidas y helados. Desmenuce la barra en copos muy finos y serán una excelente alternativa al chocolate rallado. Se venden en las variedades de chocolate blanco o con leche.

fideos de chocolate: Los fideos de chocolate auténticos no son demasiado fáciles de encontrar, pero se venden como fideos unas finas tiras de chocolate endurecidas con azúcar, que pueden ser una buena alternativa para decorar la parte superior y los lados de los pasteles o para espolvorear sobre un helado. También resultan prácticos para rebozar trufas.

láminas de chocolate: Siempre quedan atractivas en pasteles y postres.

conchas de chocolate: Las conchas que se pueden hacer en casa también se venden preparadas en los comercios, y resultan muy prácticas.

recetas básicas

masa básica para pasta quebrada

para: 1 molde para tarta de 20 cm
tiempo de preparación: 10 min + 1 h 30 min en la nevera

175 g de harina, y un poco más para espolvorear
100 g de mantequilla en dados
1 cucharada de azúcar lustre
1 yema de huevo batida con
1 cucharada de agua

1 Tamice la harina sobre un cuenco grande. Añada la mantequilla y trabaje la mezcla con los dedos hasta que tenga consistencia de pan rallado. Agregue el azúcar lustre y después la yema de huevo batida.

2 Amase ligeramente hasta obtener una pasta firme. Cúbrala con plástico de cocina y déjela enfriar en la nevera 1 hora y media.

3 Extienda la masa con el rodillo sobre una superficie de trabajo ligeramente enharinada y forre con ella un molde para tartas de 20 cm de diámetro. Prosiga con las instrucciones de la receta.

masa para pasta quebrada especial

para: 8 moldes de tartaletas de 10 cm
tiempo de preparación: 10 min + 1 h en la nevera

250 g de harina, y un poco más para espolvorear
una pizca de sal
100 g de mantequilla
115 g de azúcar glas
1 huevo grande, más 2 yemas grandes

1 Tamice la harina y la sal sobre un cuenco grande. Haga un hoyo en el centro y añada la mantequilla, el azúcar, el huevo y las yemas. Con los dedos, vaya mezclando los ingredientes del hoyo hasta obtener una pasta, y poco a poco vaya juntándolos con la harina, hasta obtener una masa suave.

2 Amásela con rapidez y ligereza, forme una bola y envuélvala en plástico de cocina. Métala en la nevera y déjela enfriar durante 1 hora. Prosiga con las instrucciones de la receta.

masa básica para pastel de chocolate

para: 1 molde para tarta de 23 cm
tiempo de preparación: 10 min + 15 min en la nevera

225 g de harina, y un poco más para espolvorear
2 cucharadas de cacao en polvo
150 g de mantequilla
2 cucharadas de azúcar lustre
1-2 cucharadas de agua fría

1 Tamice la harina y el cacao en polvo sobre un cuenco grande. Añada la mantequilla y trabaje los ingredientes con los dedos hasta que la mezcla tenga consistencia de pan rallado. Incorpore el azúcar lustre y suficiente agua fría para obtener una masa suave.

2 Cúbrala con plástico de cocina, métala en la nevera y déjela enfriar durante 15 minutos.

3 Extienda la pasta con el rodillo sobre una superficie de trabajo ligeramente enharinada y forre con ella un molde desmontable para tartas de 23 cm de diámetro. Prosiga con las instrucciones de la receta.

masa para pastel de chocolate especial

para: 1 molde hondo de 20 cm de diámetro
tiempo de preparación: 10 min + 30 min en la nevera

4 cucharadas de cacao en polvo
200 g de harina y un poco más para espolvorear
100 g de mantequilla ablandada
4 cucharadas de azúcar lustre
2 yemas de huevo
unas gotas de esencia de vainilla
1-2 cucharadas de agua fría

1 Tamice el cacao en polvo y la harina sobre un cuenco grande. Haga un hoyo en el centro, añada la mantequilla y trabaje los ingredientes con los dedos hasta que la mezcla tenga consistencia de pan rallado. Incorpore el azúcar lustre. Añada las yemas de huevo, la esencia de vainilla y agua suficiente para obtener una pasta.

2 Extienda la masa con el rodillo sobre una superficie de trabajo ligeramente enharinada y forre con ella un molde hondo de 20 cm de diámetro. Déjela enfriar en la nevera 30 minutos. Prosiga con las instrucciones de la receta.

salsa de chocolate

para: 4 personas
tiempo de preparación: 10 min

85 g de chocolate
150 ml de nata líquida

1 Rompa el chocolate en trocitos y póngalo en un cazo de base gruesa. Vierta la nata líquida. Caliéntelo a fuego suave, removiendo constantemente, hasta obtener una salsa suave.

2 Pásela a una salsera resistente al calor y sírvala caliente.

variación

Si lo desea, también puede añadir 1 cucharada de brandy al chocolate y la nata líquida.

helados y postres fríos

Un delicioso postre, bien presentado, es el perfecto final para cualquier comida. Y para muchas personas es también el momento más esperado. Lo estupendo de los helados y de los postres fríos es que pueden prepararse con antelación, y así el cocinero tiene tiempo para concentrarse en el resto de la comida sin temer ninguna sorpresa desagradable de último momento en la cocina. Los helados y los postres fríos son los más prácticos, ya que se pueden guardar en el congelador y tener a mano por si se presenta algún invitado inesperado.

Las recetas de este capítulo abarcan desde ideas sencillas, como los Corazones de chocolate a la crema (véase pág. 31) o las Tarrinas de chocolate a la naranja (véase pág. 39), hasta las más sofisticadas para una ocasión especial, como la Bomba helada de doble chocolate (véase pág. 17) o la Tarrina de castañas y chocolate (véase pág. 35). Pero incluso algunas de las recetas más complicadas, como el Zucotto (véase pág. 28), o el Tiramisú (véase pág. 42), se pueden preparar con antelación, en varias fases. Algunos de los postres ofrecen los sofisticados sabores del suculento chocolate negro y algún tipo de licor, como los Soufflés helados de chocolate (véase pág. 23), mientras que otros, como el Helado de plátano, chocolate y caramelo (véase pág. 22), resultan ideales para los niños.

bomba helada de doble chocolate

cocción: 20 min **prep.: 50 min + 8-10 h en el congelador** **para 6-8 personas**

Éste es el colofón perfecto para una cena con invitados. La combinación de chocolate blanco y negro garantiza el éxito.

variación

Para darle un aroma distinto, añada 2 cucharadas de brandy al helado de chocolate negro y 2 de Cointreau al de chocolate blanco.

sugerencia

Si no tiene un molde cóncavo especial utilice un cuenco de plástico y fórrelo con film transparente para que resulte más fácil sacar el helado.

INGREDIENTES

HELADO DE CHOCOLATE NEGRO

2 huevos
2 yemas de huevo
115 g de azúcar lustre
300 ml de nata líquida
225 g de chocolate negro troceado
300 ml de nata espesa

HELADO DE CHOCOLATE BLANCO

140 g de chocolate blanco troceado
150 ml de leche
55 g de azúcar lustre
300 ml de nata espesa
adornos de chocolate
(*véase* págs. 10-12)

1

2

3

1 Ponga un molde cóncavo de 1,5 litros de capacidad en el congelador. Para el helado de chocolate negro, siga los pasos 1 y 2 de la pág. 18.

2 Haga el helado en una heladora, siguiendo las instrucciones del fabricante, o bien vierta la crema en un recipiente grande para el congelador, cúbrala y déjela 2 horas en el congelador o hasta que cuaje. Con una cuchara, pásela a un cuenco y bátala con un tenedor para romper los cristales de hielo. Vuelva a dejarla en el congelador hasta que casi se haya solidificado. Forre el molde con el helado de chocolate y déjelo 2 horas en el congelador o hasta que esté firme.

3 Para preparar el helado de chocolate blanco, ponga el chocolate y la mitad de la leche en un cazo a fuego lento, hasta que se funda. Retírelo del fuego y remueva. Ponga el azúcar y el resto de la leche en un cazo aparte y déjelo a fuego suave hasta que el azúcar se disuelva. Déjelo enfriar y después mézclelo con el chocolate enfriado. Bata la nata en un cuenco hasta que se haya espesado un poco; incorpórela a la mezcla de chocolate. Vierta la crema en el hueco del helado, cubra el molde y déjelo 4 horas en el congelador o hasta que esté firme. Para servir, sumerja unos segundos la base del molde en agua muy caliente, y vuélquelo con cuidado sobre una fuente. Decórelo con los adornos.

helado de chocolate negro

para 6 personas **prep.: 25 min + 4 h 30 min en el congelador/nevera** **cocción: 15 min**

He aquí un auténtico helado de chocolate que gustará más a paladares adultos. Si lo prepara para niños, omita el brandy.

INGREDIENTES

2 huevos
2 yemas de huevo
115 g de azúcar lustre
300 ml de nata líquida
225 g de chocolate negro troceado
300 ml de nata espesa
4 cucharadas de brandy

sugerencia

Gradúe el congelador al frío máximo 1 hora antes de introducir la crema del helado, y después no se olvide de volver a dejarlo en su posición normal.

1 Ponga los huevos enteros, las yemas y el azúcar en un cuenco resistente al calor y bata hasta obtener una mezcla homogénea. Ponga la nata líquida y el chocolate en un cazo a fuego suave y espere hasta que se funda; no deje de remover hasta que casi llegue a hervir. Viértalo sobre la mezcla de huevo, removiendo con energía, y después encaje el cuenco sobre un cazo con agua hirviendo a fuego suave, comprobando que la base del cuenco no toca el agua.

2 No deje de remover hasta que la mezcla recubra ligeramente el dorso de una cuchara. Cuele la crema sobre un cuenco y déjela enfriar. Ponga la nata espesa y el brandy en un cuenco aparte, bata hasta que haya espesado ligeramente e incorpore la mezcla a la crema de chocolate enfriada.

3 Congele la crema en una heladora siguiendo las instrucciones del fabricante, o bien viértala en un recipiente grande para el congelador, cúbrala y déjela 2 horas en el congelador o hasta que haya cuajado. Con una cuchara, pásela a un cuenco y bátala con un tenedor para romper los cristales de hielo. Vuelva a dejarla en el congelador, otras 2 horas o hasta que esté firme. Deje el helado en la nevera 30 minutos antes de servirlo. Reparta bolas de helado entre 4 platitos individuales o tazas, y sírvalo.

helado bicolor de chocolate y naranja

cocción: 15 min **prep.: 15 min + 10 h 30 min en el congelador/nevera** **para 6 personas**

Helado de chocolate blanco con vetas de chocolate negro a la naranja. Un postre de fantástico aspecto y extraordinario sabor.

sugerencia

Si desea convertir este helado en uno de menta, utilice chocolate de buena calidad aromatizado con menta en lugar de naranja.

INGREDIENTES

175 g de chocolate blanco
1 cucharadita de harina de maíz
1 cucharadita de esencia de vainilla
3 yemas de huevo
300 ml de leche
450 ml de nata espesa
115 g de chocolate negro a la naranja, troceado
ralladura de naranja, para adornar
gajos de naranja, para servir

1 Pique el chocolate blanco en trocitos y resérvelo. Ponga la harina de maíz, la esencia de vainilla y las yemas de huevo en un cuenco resistente al calor, y bata bien. Ponga la leche en un cazo grande de base gruesa y déjela a fuego lento hasta que hierva. Vaya vertiéndola poco a poco sobre la mezcla de huevo, sin dejar de remover.

2 Cuele la mezcla sobre el mismo cazo y déjelo a fuego lento, removiendo, hasta que se espese. Retírelo del fuego, añada el chocolate blanco y remueva hasta que se derrita. Incorpore la nata. Reserve 150 ml de la crema y vierta el resto en un recipiente grande para el congelador. Cúbrala y déjela 2 horas en el congelador o hasta que empiece a cuajar. Derrita el chocolate negro a la naranja (*véase* págs. 9-10) y añádalo a los 150 ml de crema reservados.

3 Retire el helado parcialmente congelado del congelador y bátalo con un tenedor. Vierta cucharadas de crema de chocolate negro sobre el helado y remueva con un tenedor para obtener el aspecto de vetas de mármol. Déjelo 8 horas o toda la noche en el congelador, hasta que esté firme. Póngalo 30 minutos en la nevera antes de servirlo. Haga bolas de helado y distribúyalas entre copas individuales. Decórelas con la ralladura de naranja. Acompañe el helado con unos gajos de naranja.

helado de coco y chocolate blanco

para 6 personas **prep.: 25 min + 5 h 30 min en el congelador/nevera** **cocción: 15 min**

La combinación de chocolate blanco y coco da lugar a un cremoso helado de exótico sabor, perfecto para un caluroso día de verano.

INGREDIENTES

2 huevos

2 yemas de huevo

115 g de azúcar lustre

300 ml de nata líquida

115 g de chocolate blanco troceado

115 g de coco cremoso troceado

300 ml de nata espesa

3 cucharadas de ron de coco

fruta tropical, como mango, piña o granadilla, para servir

variación

En lugar de servirlo con fruta, si lo desea, rocíe el helado con una salsa de chocolate (*véase* pág. 13). También queda delicioso.

sugerencia

Para que resulte más fácil de servir, sumerja brevemente la cuchara para helado en un bol con agua muy caliente antes de hacer las bolas. Si no tiene una cuchara especial para helado, utilice cualquier otra.

1

1

2

1 Ponga los huevos, las yemas y el azúcar en un cuenco resistente al calor y bata hasta obtener una crema homogénea. Caliente la nata con el chocolate y el coco en un cazo a fuego suave hasta que el chocolate se funda. Siga removiendo hasta que casi llegue a hervir. Viértalo sobre la mezcla de huevo, removiendo con energía, y a continuación encaje el bol sobre un cazo con agua hirviendo a fuego lento, sin que la base toque el agua.

2 Caliente la crema, sin dejar de remover, hasta que cubra ligeramente el dorso de la cuchara. Cuélela sobre un cuenco resistente al calor limpio y déjela enfriar. Ponga la nata espesa con el ron en un cuenco aparte, bata hasta que se espese ligeramente y después incorpórela a la crema de chocolate enfriada.

3 Congele la crema en una heladora, siguiendo las instrucciones del fabricante, o bien viértala en un recipiente grande para el congelador, cúbrala y déjela 2 horas en el congelador o hasta que haya empezado a cuajar. Con una cuchara, pase la mezcla a un cuenco, y bátala con un tenedor para romper los cristales de hielo. Vuelva a dejarla en el congelador otras 3 horas, o hasta que esté firme. Ponga el helado en la nevera 30 minutos antes de servirlo. Haga bolas de helado y dispóngalas en pequeños boles individuales. Sirva el helado con la fruta tropical.

helado de plátano, chocolate y caramelo

para 6 personas **prep.: 15 min + 6 h 15 min en el congelador/nevera** **cocción: 0 min**

Este caprichoso helado gusta tanto a adultos como a niños y es un estupendo postre para una comida de entre semana.

INGREDIENTES

4 plátanos maduros

el zumo de ½ limón

200 g de azúcar lustre

500 ml de nata para montar

100 g de gotas de chocolate

100 g de caramelo cortado en trocitos, y un poco más para adornar

sugerencia

Compre plátanos maduros pero no demasiado oscuros. Es importante añadir el zumo de limón para que el plátano no se ennegrezca.

1 Pele los plátanos, trocéelos y póngalos en una batidora con el zumo de limón y el azúcar. Bata hasta que estén triturados, añada la nata para montar y bata de nuevo hasta obtener una pasta homogénea.

2 Congélela en una heladora siguiendo las instrucciones del fabricante, y añada las gotas de chocolate y el caramelo justo antes de que el helado esté listo. Si no dispone de heladora, vierta la crema en un recipiente grande para el congelador, cúbrala y déjela en el congelador 2 horas o hasta que empiece a cuajar. Con una cuchara, pase el helado a un cuenco y bata con un tenedor para romper los cristales de hielo. Vuelva a dejarlo en el congelador otras 2 horas o hasta que casi esté firme. Sáquelo del congelador, bátalo de nuevo y agregue las gotas de chocolate y el caramelo. Introdúzcalo 2 horas más en el congelador o hasta que se haya solidificado.

3 Ponga el helado en la nevera 15 minutos antes de servirlo. Distribuya bolas entre los recipientes individuales y decore el helado con trocitos de caramelo. Sírvalo.

soufflés helados de chocolate

cocción: 5 min

prep.: 30 min + 8 h en el congelador

para 6 personas

Los soufflés *helados individuales tienen un aspecto fantástico y son fáciles de hacer. Adórnelos con unas virutas de chocolate.*

sugerencia

Cuando vaya a montar claras de huevo asegúrese de que el cuenco esté seco, bien limpio y sin restos de grasa, pues de otro modo no podrá alcanzar el punto de nieve.

INGREDIENTES

100 g de chocolate negro troceado

1 cucharada de café soluble

2 cucharadas de agua

4 huevos, con las yemas separadas de las claras

115 g de azúcar glas tamizado

225 ml de nata espesa

2 cucharadas de licor Tia Maria

virutas de chocolate (*véase* pág. 10), para adornar

1 Forme 6 tiras dobles de papel de aluminio, de largo suficiente para rodear 6 tarrinas individuales y de modo que el papel sobresalga 2,5 cm por encima del borde. Átelas. Caliente el chocolate junto con el café soluble y el agua en un cazo pequeño, a fuego suave, hasta que el chocolate se haya fundido. Deje que se entibie.

2 Ponga las yemas de huevo y el azúcar glas en un bol. Bata con las varillas eléctricas hasta obtener una crema espesa y ligera. En un bol aparte, monte la nata con el licor. Reserve.

3 En un cuenco limpio y sin grasa, monte las claras a punto de nieve medio. Incorpore 1 cucharada de clara a la crema de chocolate, y a continuación añada poco a poco el resto de las claras y la nata. Reparta la mezcla entre las tarrinas y déjelas en el congelador 8 horas o toda la noche. Con cuidado, retire el papel de aluminio. Decore los *soufflés* con virutas de chocolate y sírvalos.

pastel italiano navideño de chocolate

cocción: 5 min **prep.: 15 min + 8 h en la nevera** **para 10 personas**

Este pastel es una deliciosa alternativa a los tradicionales dulces navideños... pero no hay motivo alguno para servirlo únicamente por Navidad.

variación

Puede sustituir las galletas de almendra por galletas integrales trituradas, y el amaretto por la misma cantidad de brandy.

sugerencia

Como este pastel llena mucho, mejor será que sirva rebanadas muy finas. Para que le resulte más fácil hacerlo, sumerja un cuchillo afilado en agua caliente y séquelo antes de cortar.

INGREDIENTES

mantequilla, para engrasar
115 g de frutas confitadas variadas, picadas
55 g de pasas
la ralladura de ½ naranja
3 cucharadas de zumo de naranja
3 cucharadas de nata líquida
350 g de chocolate negro troceado
115 g de queso cremoso
115 g de galletas de almendra, troceadas

PARA SERVIR

125 ml de nata para montar
2 cucharadas de amaretto
25 g de chocolate negro rallado

1 Engrase con mantequilla un molde cóncavo de 850 ml de capacidad. Ponga en un cuenco la fruta confitada, las pasas, la ralladura y el zumo de naranja, y mezcle bien. Caliente la nata líquida y el chocolate en un cazo a fuego suave hasta que el chocolate se funda. Remueva hasta que esté suave y agregue la mezcla de frutas. Deje que se enfríe.

2 En un cuenco grande, bata el queso cremoso con un poco de la pasta de chocolate, hasta obtener una mezcla suave. Añada el resto de pasta de chocolate. Incorpore las galletas de almendra troceadas y viértalo en el molde preparado. Cúbralo con plástico de cocina y déjelo en la nevera durante toda la noche.

3 Para servir, vuelque el pastel sobre una bonita fuente, fría de la nevera. Bata la nata en un cuenco y agregue el amaretto. Bata sólo ligeramente, hasta que se haya espesado un poco. Vierta un poco de nata sobre el pastel y espolvoréelo con chocolate rallado. Sírvalo con el resto de la nata para acompañar.

sorbete de chocolate

para 6 personas **prep.: 15 min + 9 h en el congelador/nevera** **cocción: 10 min**

Este sorbete de chocolate es un final ligero y refrescante, aunque de lujo, para cualquier comida. Queda especialmente bien servido con unas galletas crujientes y café recién hecho.

INGREDIENTES

55 g de cacao en polvo

150 g de azúcar lustre

2 cucharaditas de café soluble

500 ml de agua

galletas crujientes, para servir

sugerencia

Para obtener el mejor resultado, prepare el sorbete en una heladora. Si no dispone de una, bátalo con frecuencia mientras se esté congelando, para que quede ligero y suave.

1 Tamice el cacao sobre un cazo de base gruesa y añada el azúcar y el café soluble, así como un poco de agua. Con una cuchara de madera, mezcle hasta obtener una pasta fina. A continuación, vaya agregando el resto del agua. Llévelo a ebullición a fuego lento, y después déjelo hervir durante 8 minutos, removiendo con frecuencia.

2 Retire el cazo del fuego y deje enfriar la mezcla. Pásela a un cuenco, cúbrala con plástico de cocina y déjela en la nevera hasta que esté bien fría. Congélela en una heladora, siguiendo las instrucciones. Si no tiene heladora, vierta la mezcla en un recipiente grande para el congelador, cúbrala y congélela 2 horas. Retire el sorbete del congelador y bátalo con un tenedor para romper los cristales de hielo. Déjelo otras 6 horas en el congelador, batiéndolo cada 2 horas.

3 Deje el sorbete 30 minutos en la nevera antes de servirlo. Ponga las bolas de sorbete en 6 boles individuales y acompáñelo con unas galletas crujientes.

kulfi de chocolate

cocción: 20 min

prep.: 1 h + 10 h en el congelador

para 6 personas

El kulfi *es un helado indio especiado que se prepara en pequeños recipientes tubulares de terracota. Aunque el chocolate no es un ingrediente genuino, hace de él un verdadero capricho.*

sugerencia

Reduzca la leche en un cazo ancho y de base gruesa, para que el líquido pueda burbujear en un amplio espacio. Eso ayudará a acelerar la evaporación.

INGREDIENTES

2 litros de leche cremosa

12 vainas de cardamomo enteras

85 g de azúcar lustre

100 g de chocolate negro troceado

10 g de almendras escaldadas, picadas

25 g de pistachos sin sal, pelados y picados

1 Ponga la leche con el cardamomo en un cazo grande de base gruesa. Llévela a ebullición a fuego suave y después déjela a fuego vivo hasta que haya quedado reducida a un tercio.

2 Cuele la leche sobre un cuenco resistente al calor y deseche el cardamomo. Incorpore el azúcar y el chocolate, y remueva hasta que se disuelvan. Añada las almendras y la mitad de los pistachos. Vierta la mezcla en un recipiente grande para el congelador, cúbralo y déjelo 2 horas en el congelador o hasta que empiece a cuajar, removiendo cada 30 minutos.

3 Distribuya el helado, presionando bien, entre 6 recipientes de yogur o tarrinas individuales, cúbralos con plástico de cocina y déjelos en el congelador 8 horas o hasta que el helado se haya solidificado por completo. Para servir el *kulfi*, sumerja brevemente la base de los moldes en agua caliente y vuélquelos sobre platitos de postre. Decore con los pistachos restantes y sirva.

zucotto

para 6 personas **prep.: 30 min + 6-8 h en la nevera** **cocción: 15-20 min**

El zucotto *es un postre tradicional italiano que combina muy bien con chocolate y cerezas negras.*

INGREDIENTES

115 de margarina blanda, y un poco más para engrasar
100 g de harina de fuerza
2 cucharadas de cacao en polvo
½ cucharadita de levadura en polvo
115 g de azúcar lustre
2 huevos batidos
3 cucharadas de brandy
2 cucharadas de kirsch

RELLENO

300 ml de nata espesa
25 g de azúcar glas tamizado
55 g de almendras tostadas picadas
225 g de cerezas negras deshuesadas
55 g de chocolate negro picado fino

PARA ADORNAR

1 cucharada de cacao en polvo
1 cucharada de azúcar glas
cerezas frescas

variación

Si no encuentra cerezas frescas, utilícelas de lata. Sustituya el kirsch por un licor de almendra, por ejemplo, amaretto.

sugerencia

Si el *zucotto* se enfría bien con antelación, se puede dejar desmoldado un par de horas en la mesa, lo que lo hace ideal como postre para un bufé libre.

1 Precaliente el horno a 190 °C. Engrase un molde de 30 x 23 cm para brazo de gitano con margarina, y fórrelo con papel de hornear. Tamice la harina, el cacao y la levadura en polvo sobre un cuenco. Añada el azúcar, la margarina y el huevo. Bata hasta que esté homogéneo y vierta la pasta en el molde. Hornéela 15-20 minutos o hasta que haya subido y esté firme al tacto. Déjela en el molde 5 minutos y después pásela a una rejilla metálica para que se enfríe.

2 Recorte un redondel de bizcocho utilizando como guía el borde de un molde cóncavo de 1,2 litros de capacidad; resérvelo. Forre el molde con plástico de cocina. Con el resto del bizcocho, forre el molde. Mezcle el brandy y el kirsch en un bol pequeño. Rocíe el bizcocho con el licor (también el redondel).

3 Para el relleno, ponga la nata en un cuenco aparte y añada el azúcar glas. Bata hasta que se espese y agregue las almendras, las cerezas y el chocolate. Rellene el bizcocho con la mezcla y cubra con el redondel, presionando bien. Cubra el pastel con un plato y ponga un peso encima. Déjelo enfriar en la nevera de 6 a 8 horas o toda la noche. Cuando vaya a servirlo, vuelque el *zucotto* sobre una fuente y decore con cacao en polvo y azúcar glas, tamizándolos por encima, y unas cerezas frescas.

corazones de chocolate a la crema

cocción: 0 min **prep.: 20 min + 8 h en la nevera** **para 8 personas**

Ésta es una deliciosa adaptación de un postre clásico francés que se prepara en moldes de porcelana agujereados con forma de corazón.

variación

La salsa también se podría hacer con otros tipos de frutas del bosque frescas. Pruebe con moras o grosellas si es temporada.

sugerencia

Puede utilizar recipientes de yogur agujereados en lugar de los genuinos moldes de porcelana. Ponga encima mitades de fresa en honor al «corazón» del nombre del postre.

INGREDIENTES

225 g de queso ricota
55 g de azúcar glas tamizado
300 ml de nata espesa
1 cucharadita de esencia de vainilla
55 g de chocolate rallado
2 claras de huevo

SALSA DE FRAMBUESA

225 g de frambuesas frescas
azúcar glas, al gusto

PARA ADORNAR

fresas frescas partidas por la mitad
frambuesas frescas

1 Forre con muselina 8 moldes individuales agujereados. Cuele la ricota sobre un cuenco, presionando. Añada el azúcar glas, la nata y la esencia de vainilla, y bata bien. Incorpore el chocolate rallado. En un cuenco bien limpio, bata las claras a punto de nieve medio. Incorpórelas con suavidad a la mezcla de queso.

2 Vierta la mezcla en los moldes preparados. Colóquelos sobre una bandeja o una fuente y déjelos en la nevera 8 horas o toda la noche: la muselina absorberá la mayor parte del líquido que se escurra.

3 Para la salsa de frambuesa, ponga la fruta en una batidora o un robot de cocina y tritúrela. Cuele el puré sobre un cuenco y añada azúcar glas a su gusto. Para servir, desmolde cada flan sobre un plato de postre y vierta salsa de frambuesa alrededor. Decórelos con las mitades de fresa y unas frambuesas, y sírvalos.

crema de chocolate al ron

para 6 personas **prep.: 10 min + 1-2 h en la nevera** **cocción: 3 min**

Este postre no requiere cocción alguna aparte de calentar la nata, y es muy fácil de hacer. Queda muy bien servido con unas galletitas crujientes, y puede ser el broche de oro en una cena con invitados.

INGREDIENTES

100 g de chocolate negro troceado

150 ml de nata líquida

300 ml de nata para montar

1 cucharada de azúcar glas tamizado

2 cucharadas de ron blanco

virutas de chocolate (*véase* pág. 10), para adornar

variación

Este postre queda perfecto servido en un juego de vasitos altos, pero también puede utilizar tazas de café o platos de postre.

1 Caliente el chocolate con la nata líquida en un cazo pequeño de base gruesa, a fuego muy lento, hasta que el chocolate se haya fundido. Remueva hasta que esté suave, añada el azúcar y el ron, retírelo del fuego y deje que se enfríe. Monte la otra nata en un cuenco grande con las varillas eléctricas, hasta que quede espesa.

2 Con mucho cuidado, incorpore poco a poco a la nata montada la mezcla enfriada de azúcar, ron y chocolate. Procure no batir en exceso.

3 Reparta la crema entre 6 vasitos, tazas o platos de postre, y déjelos en la nevera 1-2 horas para que se enfríen bien.

4 Raspe unas virutas de chocolate y espárzalas sobre la crema antes de servirla.

tarrinas caramelizadas de fresa y chocolate

cocción: 8 min **prep.: 15 min + 2 h 30 min de congelación/descongelación** **para 6 personas**

Fruta fresca cubierta con una deliciosa crema de chocolate y una crujiente cobertura de caramelo. No puede ser más fácil de hacer, aunque su aspecto es de lo más impresionante.

sugerencia

Congelar las tarrinas antes de ponerlas bajo el grill garantiza que la crema no se derrita mientras se caramelizan, pero si tiene poco tiempo puede saltarse ese paso. También puede caramelizar el azúcar con un soplete de cocina.

INGREDIENTES

250 g de fresas frescas, limpias y sin el rabillo

2 cucharadas de licor de fruta, como kirsch o licor de casis

450 ml de nata espesa

115 g de chocolate negro fundido y enfriado (*véase* págs. 9-10)

115 g de azúcar de Demerara

PARA ADORNAR

fresas frescas

hojas de menta fresca

1 Corte las fresas en mitades o cuartos, según su tamaño, y repártalas entre 6 tarrinas. Rocíelas con el licor de fruta.

2 Bata la nata en un cuenco hasta que empiece a coger consistencia. Añada el chocolate enfriado y siga batiendo hasta que esté espesa. Extiéndala sobre las fresas. Cubra las tarrinas y déjelas en el congelador 2 horas o hasta que la crema esté congelada.

3 Precaliente el grill al máximo. Espolvoree la crema congelada con una buena capa de azúcar y ponga las tarrinas bajo el grill. Déjelas hasta que el azúcar se haya disuelto y caramelizado. Deje reposar las tarrinas 30 minutos o hasta que la fruta y la crema se hayan descongelado. Sirva el postre decorado con unas fresas frescas y la menta.

pudin blanco y negro

para 4-6 personas **prep.: 30 min** **cocción: 45 min**

Este suculento postre es un híbrido entre un pudin hecho al vapor y un soufflé. *Un capricho perfecto para cualquier ocasión.*

INGREDIENTES

aceite, para untar

115 g de mantequilla sin sal

115 g de azúcar lustre

½ cucharadita de cardamomo molido

4 huevos, con las yemas separadas de las claras

115 g de chocolate negro fundido y enfriado (*véase* págs. 9-10)

1 cucharada de ron

150 ml de nata espesa

150 ml de nata fresca espesa

variación

En lugar de nata, sírvalo con frutas del bosque frescas, por ejemplo, frambuesas y grosellas, y helado de vainilla.

sugerencia

No se preocupe si el pudin se hunde un poco al sacarlo del fuego: es normal. Puede cubrir la parte hundida con nata montada.

1 Unte ligeramente con aceite un molde cóncavo de 850 ml de capacidad. Ponga la mantequilla, el azúcar y el cardamomo en un cuenco, y bata hasta obtener una crema ligera y espesa. Vaya añadiendo las yemas de una en una. Con cuidado, incorpore el chocolate fundido y el ron. Ponga las claras en un bol aparte, bien limpio y sin rastro de grasa, y bátalas a punto de nieve suave. Añada 1 cucharada de clara de huevo a la mezcla de chocolate, y a continuación, poco a poco, incorpore el resto.

2 Pase la mezcla al molde. Cúbralo con papel de hornear untado con aceite y luego con papel de aluminio, y átelos con un cordel. Ponga el molde en un cazo grande de base gruesa y vierta agua hirviendo hasta un tercio de la altura del molde. Cubra el cazo y déjelo a fuego lento 45 minutos.

3 Deje el pudin en el molde hasta que esté frío y después vuélquelo sobre un plato. Bata los dos tipos de nata juntos hasta que se espesen. Cubra el pudin con la nata o sírvala aparte.

tarrina de castañas y chocolate

cocción: 5 min **prep.: 30 min + 8 h en la nevera** **para 6 personas**

La clásica combinación de chocolate y castañas alcanza su máxima expresión en esta deliciosa tarrina de múltiples capas.

variación

Si lo prefiere, o para variar, sustituya el ron por vino de Marsala o jerez seco.

sugerencia

Cuando ponga las galletas en remojo procure que no se empapen demasiado de ron, porque se desharían y serían inservibles.

INGREDIENTES

200 ml de nata espesa
115 g de chocolate negro fundido y enfriado (*véase* págs. 9-10)
100 ml de ron
1 paquete de galletas rectangulares
1 lata de 225 g de puré de castañas con azúcar
cacao en polvo, para espolvorear
azúcar glas, para adornar

1 Forre un molde hondo rectangular de 450 g de capacidad con plástico de cocina. Ponga la nata espesa en un bol y bátala ligeramente, hasta que se formen picos. Incorpore el chocolate enfriado con una espátula.

2 Ponga el ron en un plato hondo. Moje ligeramente 4 galletas en el ron y dispóngalas en la base del molde. Repita la operación con 4 galletas más. Extienda la mitad de la crema de chocolate sobre las galletas. Haga otra capa de 8 galletas mojadas en ron y extienda el puré de castañas por encima, seguido de otra capa de galletas. Extienda el resto de la crema de chocolate y acabe con una última capa de galletas. Cubra el molde con plástico de cocina y deje enfriar la tarrina 8 horas en la nevera, o, mejor, durante toda la noche.

3 Vuelque la tarrina en una fuente. Espolvoree con el cacao en polvo. Recorte unas tiras de papel y colóquelas aleatoriamente sobre la superficie. Tamice un poco de azúcar glas por encima. Con cuidado, retire el papel. Para servir la tarrina, córtela en rebanadas con un cuchillo afilado previamente sumergido en agua caliente y secado.

tarrina de chocolate con crema de naranja

para 10-12 personas **prep.: 30 min + 3 h en la nevera** **cocción: 10 min**

El contraste de color de las diferentes capas de chocolate resulta muy atractivo al cortar la tarta y servirla con crema de naranja.

INGREDIENTES

6 cucharadas de agua
3 cucharaditas de gelatina en polvo
115 g de cada de chocolate con leche, blanco y negro, troceados
450 ml de nata para montar
6 huevos, con las yemas separadas de las claras
75 g de azúcar lustre

CREMA DE NARANJA

25 g de azúcar lustre
1 cucharada de harina de maíz
2 yemas de huevo
150 ml de leche
150 ml de nata espesa
la ralladura de 1 naranja
1 cucharada de Cointreau
zumo de naranja (opcional)

PARA ADORNAR

150 ml de nata espesa, batida
granos de café bañados en chocolate
tiras finas de piel de naranja

variación

Si lo prefiere, en lugar de servir la tarta con crema de naranja, acompáñela con un poco de nata.

sugerencia

Forre el molde de modo que el plástico de cocina cuelgue por los lados, para poder cubrir la superficie de la tarta antes de meterla en el congelador.

1 Forre un molde hondo rectangular de 1,2 litros de capacidad con plástico de cocina. Ponga 2 cucharadas de agua en un bol resistente al calor. Espolvoree 1 cucharadita de gelatina y déjelo reposar 5 minutos. Ponga el bol sobre un cazo con agua hirviendo a fuego lento hasta que la gelatina se disuelva. Deje enfriar. Derrita el chocolate con leche (*véase* págs. 9-10) y deje que se enfríe. Monte un tercio de la nata. Monte 2 de las claras de huevo a punto de nieve medio. Bata 2 yemas y un tercio del azúcar en un bol aparte, hasta que se espesen. Añada el chocolate, la gelatina disuelta y la nata montada. Viértalo en el molde. Cúbralo y déjelo 20 minutos en el congelador, o hasta que cuaje.

2 Prepare la mousse de chocolate blanco de la misma forma, viértala sobre la de chocolate con leche y congélela. Prepare la mousse de chocolate negro y viértala por encima. Deje cuajar la tarta en la nevera 2 horas.

3 Para la crema, mezcle bien en un bol el azúcar con la harina de maíz y las yemas. Caliente la leche, la nata y la ralladura en un cazo hasta que casi hierva, y viértalo sobre la mezcla de huevo, batiendo. Cuélelo sobre el cazo y caliéntelo hasta que se espese. Tápelo y déjelo enfriar. Agregue el Cointreau. Si la crema no estuviera fluida, añada un poco de zumo de naranja. Desmolde la tarta. Decórela y sírvala con la crema de naranja.

mousse de chocolate blanco

para 6 personas **prep.: 15 min + 8 h en la nevera** **cocción: 8 min**

Con el chocolate blanco se obtiene una dulce y cremosa mousse, mientras que la fragante agua de rosas aporta un interesante matiz.

INGREDIENTES

250 g de chocolate blanco troceado
100 ml de leche
300 ml de nata espesa
1 cucharadita de agua de rosas
2 claras de huevo
115 g de chocolate negro troceado
pétalos de rosa cristalizados, para adornar

variación

Si lo prefiere, en lugar de cubrir la mousse con chocolate fundido puede poner unas cucharadas de mermelada de frambuesa o de cereza.

1 En un cazo, caliente el chocolate blanco con la leche, a fuego suave, hasta que el chocolate se haya fundido. Remueva, páselo a un cuenco grande y deje que se enfríe.

2 Ponga la nata y el agua de rosas en un bol aparte y bata hasta que se formen picos suaves. En un cuenco aparte, perfectamente limpio y sin rastro de grasa, monte las claras a punto de nieve medio. Mezcle con cuidado la nata batida con el chocolate, y a continuación incorpore, poco a poco, las claras montadas. Reparta la mousse entre 6 tarrinas o vasos, cúbralos con plástico de cocina y déjelos en la nevera 8 horas o toda la noche, para que la mousse cuaje.

3 Derrita el chocolate negro (*véase* págs. 9-10), déjelo enfriar y después viértalo sobre la mousse. Cuando el chocolate se haya endurecido, decore con los pétalos de rosa y sirva el postre.

tarrinas de chocolate a la naranja

cocción: 5 min **prep.: 15 min + 1 h en la nevera** **para 8 personas**

Estas tarrinas de rica crema de chocolate satisfarán al más exigente de los amantes del chocolate. Sírvalas en un bonito juego de café.

sugerencia

No enfríe este postre de chocolate en la nevera más de 2 horas, pues la crema quedaría demasiado dura, sea cual sea el recipiente que haya decidido utilizar.

INGREDIENTES

200 g de chocolate negro troceado

la ralladura de 1 naranja

300 ml de nata espesa

140 g de azúcar lustre

3 cucharadas de Cointreau

3 yemas de huevo grandes

tiras finas de piel de naranja, para adornar

galletas crujientes, para servir

1

2

3

1 Derrita el chocolate (*véase* págs. 9-10) y añada la ralladura de naranja. En un bol, bata la nata con 100 g de azúcar y el Cointreau hasta que esté espesa.

2 En un bol muy limpio y sin grasa alguna, bata las claras hasta que se formen picos. Poco a poco, añada el resto del azúcar, hasta obtener un punto de nieve medio. Incorpore a la nata el chocolate fundido, y después una cucharada de clara montada. Poco a poco, vaya añadiendo el resto de la clara, hasta obtener una crema homogénea.

3 Reparta la crema entre 8 tarrinas pequeñas o tazas de café. Cúbralas y déjelas en la nevera 1 hora. Después, decórelas con unas tiras finas de piel de naranja, y sírvalas con unas galletas crujientes.

panna cotta de café con salsa de chocolate

cocción: 5 min

prep.: 25 min + 8 h en la nevera

para 6 personas

Panna cotta *significa literalmente «crema cocida». Al aromatizarlo con café y servirlo con salsa de chocolate, este popular postre italiano ofrece una nueva imagen.*

variación

Para una ocasión especial, use moldes en forma de corazón forrados con plástico de cocina. Los venden en tiendas de artículos para el hogar.

sugerencia

Los moldes metálicos individuales para pudin son ideales para este tipo de postre, porque se desprende más fácilmente que de los de cerámica.

INGREDIENTES

aceite, para untar

600 ml de nata espesa

1 vaina de vainilla

55 g de azúcar lustre

2 cucharaditas de café exprés soluble, disuelto en 4 cucharadas de agua

2 cucharaditas de gelatina en polvo

granos de café bañados en chocolate, para servir

SALSA DE CHOCOLATE

150 ml de nata líquida

55 g de chocolate fundido

(*véase* págs. 9-10)

1 Engrase ligeramente con aceite 6 moldes de 150 ml de capacidad. Ponga la nata en un cazo. Abra la vaina de vainilla y raspe las semillas por encima. Eche la vaina también, añada el azúcar y caliéntelo a fuego suave hasta que casi hierva. Cuele la crema sobre un cuenco refractario y resérvela. Ponga el café en un bol pequeño resistente al calor, espolvoree con la gelatina y déjelo reposar 5 minutos o hasta que esté esponjoso. Encaje el bol en un cazo con agua hirviendo a fuego suave y déjelo hasta que la gelatina se haya disuelto.

2 Añada un poco de la crema a la gelatina y después mézclelo con el resto de la crema. Repártala entre los moldes y deje que se enfríe. A continuación, deje los moldes en la nevera 8 horas o durante toda la noche.

3 Para la salsa, ponga un cuarto de la nata líquida en un bol, e incorpore el chocolate fundido. Poco a poco, añada el resto de la nata, pero reserve 1 cucharada. Para servir la *panna cotta*, sumerja brevemente la base de los moldes en agua caliente y vuélquelos sobre 6 platos de postre. Vierta la salsa de chocolate alrededor, ponga unos puntitos de la nata reservada sobre el chocolate y, con un pincho de cocina, haga unos motivos decorativos. Adorne con los granos de café bañados en chocolate y sirva el postre.

tiramisú

para 8 personas **prep.: 30 min + 3 h en la nevera** **cocción: 30 min**

El tiramisú es un típico postre italiano. Una atrevida combinación de mascarpone, chocolate, café y ron hace de él una delicia, suculenta y absolutamente irresistible.

INGREDIENTES

mantequilla, para engrasar
3 huevos
140 g de azúcar lustre
90 g de harina de fuerza
1 cucharada de cacao en polvo
150 ml de café exprés frío
2 cucharadas de ron
2 cucharaditas de cacao en polvo, para adornar

RELLENO
375 g de queso mascarpone
225 ml de natillas
55 g de azúcar lustre
100 g de chocolate negro rallado

variación

Para ahorrar tiempo, utilice bizcochos de soletilla en lugar de hacer el bizcocho. Sumérjalos en café y haga capas con el mascarpone en un bol.

sugerencia

Saque el mascarpone de la nevera 30 minutos antes de utilizarlo, para que se ablande. Así será más fácil batirlo y mezclarlo con el azúcar lustre.

1 Precaliente el horno a 180 °C. Para hacer el bizcocho, engrase con mantequilla un molde para pasteles de 20 cm de diámetro y fórrelo con papel de hornear. En un cuenco grande, bata los huevos con el azúcar hasta que estén espesos y ligeros. Tamice la harina y el cacao en polvo sobre la mezcla y remueva suavemente. Pase la mezcla al molde preparado y cueza el bizcocho 30 minutos o hasta que esté esponjoso al tacto al presionarlo suavemente en el centro. Déjelo 5 minutos en el molde y después sáquelo y póngalo en una rejilla metálica para que se enfríe.

2 Ponga el café y el ron en un bol o taza, remueva y reserve. Para preparar el relleno, bata el mascarpone en un cuenco grande hasta que esté suave. Añada las natillas y gradualmente el azúcar, sin dejar de batir. Incorpore el chocolate rallado.

3 Corte el bizcocho horizontalmente en 3 capas y ponga una en una fuente. Rocíe con un tercio de la mezcla de café y extienda un tercio de la de mascarpone. Repita las capas, y acabe con una de crema de mascarpone. Deje el tiramisú en la nevera 3 horas. Tamice el cacao en polvo por encima justo antes de servirlo.

tarta de chocolate y amaretto

cocción: 1 h 10 min **prep.: 30 min + 3 h en la nevera** **para 10-12 personas**

El amaretto es un licor italiano de almendra que complementa perfectamente esta tarta de chocolate y crema.

variación

Si no tiene amaretto en casa utilice cualquier otro licor, por ejemplo, Cointreau o brandy.

sugerencia

Para desprender la tarta del molde pase un cuchillo de punta roma por el reborde, porque si es puntiagudo puede dañar tanto el pastel como el molde.

INGREDIENTES

aceite, para untar
175 g de galletas integrales
55 g de galletas de almendra
85 g de mantequilla

RELLENO

225 g de chocolate negro
400 g de queso cremoso, a temperatura ambiente
115 g de azúcar lustre
3 cucharadas de harina
1 cucharadita de esencia de vainilla
4 huevos
300 ml de nata espesa
50 ml de amaretto

COBERTURA

1 cucharada de amaretto
200 ml de nata fresca espesa
galletas de almendra troceadas

1

2

3

1 Forre la base de un molde desmontable de 23 cm de diámetro con papel de aluminio y unte los lados con aceite. Ponga los dos tipos de galleta en una bolsa de plástico y tritúrelas con el rodillo. Derrita la mantequilla en un cazo, a fuego suave. Mézclela con las migas de galleta y presione la pasta sobre la base del molde. Déjelo 1 hora en la nevera.

2 Precaliente el horno a 160 °C. Para el relleno, derrita el chocolate (*véase págs. 9-10*) y déjelo enfriar. Bata el queso cremoso en un bol hasta que esté esponjoso. A continuación, añada el azúcar, la harina y la esencia de vainilla, y bata hasta que esté suave. Incorpore los huevos de uno en uno, batiendo, hasta obtener una mezcla homogénea. Añada el chocolate fundido, la nata y el amaretto. Vierta la pasta en el molde sobre la base de galleta y cueza la tarta en el horno 50-60 minutos o hasta que esté hecha.

3 Deje la tarta en el horno con la puerta entreabierta hasta que se haya enfriado. Pase un cuchillo por el reborde para desprenderla del molde. Déjela en la nevera 2 horas, y después sáquela del molde y póngala en una fuente. Para la cobertura, bata el amaretto con la nata fresca y extiéndala por encima de la tarta. Ponga los trocitos de galleta alrededor de la tarta, como adorno.

tarta de chocolate bicolor

para 10-12 personas **prep.: 45 min + 3 h en la nevera** **cocción: 1 h 10 min**

Las tartas de queso son siempre un postre delicioso, pero ésta, con el aspecto de vetas de mármol que producen los dos tipos de chocolate, resulta además muy elegante. Es perfecta para una ocasión especial.

INGREDIENTES

aceite, para untar
225 g de galletas integrales de chocolate

RELLENO

85 g de mantequilla
700 g de queso cremoso
175 g de azúcar lustre
3 cucharadas de harina
2 cucharaditas de esencia de vainilla
3 huevos batidos
115 g de chocolate negro troceado
115 g de chocolate blanco troceado

variación

Una base aromatizada con jengibre también quedaría bien: sustituya las galletas integrales de chocolate por unas de jengibre.

sugerencia

Aunque se tarda más en prepararla, al dejar enfriar la tarta en el horno con la puerta entreabierta se evita que aparezcan grietas en la superficie. Desmolde la tarta cuando esté fría del todo.

1 Forre la base de un molde desmontable de 23 cm de diámetro con papel de aluminio y unte los lados con aceite. Meta las galletas en una bolsa de plástico y tritúrelas con el rodillo. Derrita la mantequilla en un cazo, a fuego suave. Mézclela con las migas de galleta y presione la pasta sobre la base del molde. Déjelo en la nevera 1 hora.

2 Precaliente el horno a 160 °C. Para el relleno, ponga el queso cremoso en un bol y bátalo hasta que esté esponjoso. Incorpore el azúcar, la harina y la esencia de vainilla, y bata hasta que esté suave. Añada los huevos de uno en uno, batiendo, hasta obtener una mezcla homogénea. Ponga la mitad de la pasta en un cuenco aparte. Derrita el chocolate negro y el blanco en boles separados (*véase* págs. 9-10) y déjelos enfriar. Incorpore el chocolate negro a una de las mitades de la pasta, y el chocolate blanco a la otra.

3 Vaya depositando cucharadas alternas de las dos cremas de chocolate sobre la base de galleta, y después remueva un poco con un cuchillo para crear el efecto de mármol. Cueza la tarta en el horno precalentado durante 50-60 minutos, o hasta que esté hecha. Déjela en el horno con la puerta entreabierta hasta que se haya enfriado del todo. Deslice un cuchillo por el reborde para separar la tarta del molde. Déjela 2 horas en la nevera antes de desmoldarla y servirla.

tarta irlandesa de requesón

para 12 personas **prep.: 45 min + 3 h en la nevera** **cocción: 5 min**

Esta tarta de queso no requiere cocción, y aunque no se usa gelatina para que cuaje, el chocolate que lleva garantiza su textura.

INGREDIENTES

aceite, para untar

175 g de galletas con gotas de chocolate

55 g de mantequilla

RELLENO

225 g de chocolate negro

225 g de chocolate con leche

55 g de azúcar lustre

350 g de queso cremoso

425 ml de nata espesa, montada

3 cucharadas de licor irlandés de whisky, tipo Bailey's

PARA ADORNAR

nata fresca espesa

fruta fresca

sugerencia

Intente encontrar botellas en miniatura de licor de whisky, porque son un buen tamaño para utilizar en la cocina. Si no dispone de este licor, use brandy.

1 Forre la base de un molde desmontable de 20 cm de diámetro con papel de aluminio y unte los lados con aceite. Meta las galletas en una bolsa de plástico y tritúrelas con el rodillo. Derrita la mantequilla en un cazo, a fuego suave. Mézclela con las migas de galleta y presione la pasta sobre la base del molde. Déjelo en la nevera 1 hora.

2 Para el relleno, derrita juntos los dos tipos de chocolate (*véase* págs. 9-10), remueva bien y deje que se enfríe. Ponga el azúcar y el queso cremoso en un bol y bata hasta obtener una mezcla lisa. A continuación, incorpore la nata montada. Con cuidado, mézclelo con el chocolate fundido, y después agregue el licor.

3 Extienda el relleno sobre la base fría de galleta y alise la superficie. Cubra la tarta y déjela en la nevera 2 horas o hasta que esté bien firme. Desmóldela sobre una fuente y córtela en porciones pequeñas. Sírvalas con una cucharada de nata y fruta fresca.

capas de chocolate con crema de pistacho

cocción: 5 min

prep.: 50 min + 30 min-1 h en la nevera

para 6 personas

Sólo el sabor de estas delicadas y crujientes obleas de chocolate entre capas de suculento relleno de crema de pistacho supera su aspecto.

sugerencia

Procure no calentar en exceso el relleno de mascarpone o quedará demasiado líquido y resultará difícil extenderlo sobre las obleas de chocolate.

INGREDIENTES

175 g de chocolate negro troceado

250 g de queso mascarpone

1 cucharada de azúcar lustre

4 cucharadas de licor Tia Maria

300 ml de nata espesa

85 g de pistachos sin sal, pelados y picados

115 g de chocolate con leche rallado

1 Derrita el chocolate (*véase* págs. 9-10) y déjelo enfriar. Recorte 6 tiras de papel de hornear antiadherente de 6 x 27 cm. Píntelas de manera uniforme con el chocolate fundido y haga unas señales con un cuchillo cada 9 cm para formar rectángulos. Deje que se solidifiquen en la nevera, y con cuidado retire el papel.

2 En un cuenco, bata el mascarpone con el azúcar hasta que esté suave. Agregue el licor y la nata líquida, y bata hasta que se formen picos suaves. Incorpore los pistachos y el chocolate con leche rallado.

3 Disponga 6 rectángulos de chocolate sobre una bandeja y extienda la mitad de la mezcla de mascarpone por encima. Ponga una segunda capa de láminas de chocolate y cúbralas con el resto de la crema. Acabe con una capa final de obleas de chocolate. Deje el postre en la nevera hasta el momento de servirlo.

trifle de frutas y chocolate

cocción: 10 min **prep: 45 min + 2 h 30 min de enfriamiento y nevera** **para 8 personas**

Éste es un postre perfecto para una fiesta. Se trata de una variación del típico trifle *inglés, y se acompaña con fruta fresca y trufas.*

variación

Si lo desea, sustituya la mermelada de frambuesa por otra de grosella, y adorne con una mezcla de frutas del bosque.

sugerencia

Encontrará mezclas de frutas del bosque congeladas en la mayoría de los supermercados. A veces van etiquetadas como «frutas estivales» o «frutas rojas». Intente que incluyan cerezas.

INGREDIENTES

280 g de bizcocho de chocolate
3-4 cucharadas de mermelada de frambuesa
4 cucharadas de amaretto
1 paquete de 250 g de frutas del bosque congeladas, a temperatura ambiente

NATILLAS

6 yemas de huevo
55 g de azúcar lustre
1 cucharada de harina de maíz
500 ml de leche
55 g de chocolate negro fundido (*véase* págs. 9-10)

COBERTURA

225 ml de nata espesa
1 cucharada de azúcar lustre
½ cucharadita de esencia de vainilla

PARA ADORNAR

trufas de chocolate
fruta fresca, por ejemplo, cerezas y fresas

1 Corte el bizcocho en rodajas y prepare «bocadillos» con la mermelada de frambuesa. Corte los bocadillos en dados y póngalos en un cuenco grande para servir. Rocíe con el amaretto, y esparza la fruta por encima.

2 Para preparar las natillas, ponga las yemas de huevo y el azúcar en un bol resistente al calor y bata hasta obtener una crema espesa y pálida. Después, añada la harina de maíz. Caliente la leche en un cazo hasta que casi llegue a hervir. Viértala sobre la crema y remueva. Pase la mezcla de nuevo al cazo y remueva constantemente hasta que casi hierva y se espese. Retírelo del fuego y deje que se enfríe un poco. Incorpore el chocolate fundido. Vierta las natillas sobre el bizcocho y la fruta. Espere a que se enfríe, cubra el cuenco y guárdelo 2 horas en la nevera o hasta que la crema haya cuajado.

3 Para la cobertura, bata la nata hasta que se formen picos suaves. A continuación, agregue el azúcar y la esencia de vainilla. Extiéndala sobre el pastel, decórelo con trufas y las frutas de su elección, y déjelo en la nevera hasta el momento de servirlo.

postres calientes

Como hoy día no se suelen comer regularmente pudines o postres horneados, tendemos a considerarlos algo especial. Y sin embargo pocas cosas podrían satisfacer más a familiares y amigos que encontrarse con un pudin de chocolate caliente al final de la comida. A pesar de que muchos de estos postres son en realidad más fáciles de preparar que algunos fríos, sus invitados se sentirán cuidados y mimados cuando les sirva estas delicias caseras.

Algunas de las siguientes recetas, como el Pudin de pan con leche y chocolate (véase *pág. 64) y el* Pudin de chocolate al vapor (véase *pág. 68), están basadas en preparaciones tradicionales pero incorporan algún toque novedoso. Otras, como la* Fondue de chocolate (véase *pág. 59),* los Melocotones al horno con chocolate (véase *pág. 55) y los* Plátanos con chocolate a la barbacoa (véase *pág. 60), destacan por ser sumamente fáciles de preparar. También las hay repletas de exóticos y aromáticos sabores, como las* Crepes de chocolate y frutas exóticas (véase *pág. 56) y el* Pastel de chocolate con natillas al romero (véase *pág. 66). Muchos de estos postres se pueden preparar con antelación y recalentar justo antes de servirlos, y ninguno requiere una decoración o presentación complicada. Así que ofrezca a sus invitados algo realmente especial, relájese y prepárese para disfrutar de los cumplidos.*

peras al jengibre con salsa de chocolate

para 4 personas **prep.: 20 min** **cocción: 20-25 min**

Las peras y el chocolate son de esas famosas parejas que tan bien combinan, y además este sencillo postre es muy fácil de preparar.

INGREDIENTES

4 peras de postre
450 ml de agua
150 g de azúcar lustre
1 trozo de 10 cm de jengibre fresco, pelado y cortado en rodajitas
½ rama de canela
un chorrito de zumo de limón

SALSA DE CHOCOLATE

4 cucharadas de nata líquida
200 g de chocolate negro troceado

sugerencia

Escoja peras de postre sin ninguna maca, y maduras pero todavía firmes, para que mantengan su forma al cocerlas. Entre las variedades adecuadas para este uso están las *conference* y las blanquilla.

1 Pele las peras pero no les quite el rabillo. Recorte la base para que se sostengan de pie. Con cuidado, retire lo mejor que pueda el corazón con una cucharilla.

2 Ponga el agua, el azúcar, el jengibre, la rama de canela y el zumo de limón en un cazo de base gruesa. Llévelo a ebullición y cuézalo durante 5 minutos. Coloque las peras verticales en el cazo, y cuézalas, dándoles la vuelta de vez en cuando, unos 15-20 minutos o hasta que se hayan ablandado. Ponga una pera en cada platito individual.

3 Para la salsa de chocolate, ponga la nata líquida y el chocolate en un cuenco resistente al calor y encájelo sobre un cazo con agua hirviendo a fuego suave hasta que se haya fundido el chocolate. Remueva hasta que esté suave. Páselo a una salsera y sírvalo de inmediato, con las peras calientes.

melocotones al horno con chocolate

cocción: 30 min

prep.: 15 min

para 4 personas

Ésta es una deliciosa variación de la clásica combinación italiana de melocotones al horno con un relleno de galletas de almendra.

sugerencia

Escoja melocotones maduros pero firmes. Si están demasiado blandos se desharán durante la cocción. Una vez pelados, córtelos por la mitad con un cuchillo afilado y, con cuidado, quite el hueso sin estropear la pulpa.

INGREDIENTES

25 g de mantequilla sin sal ablandada, y un poco más para engrasar

85 g de galletas de almendra (por ejemplo, *amaretti*), picadas gruesas

25 g de chocolate negro, rallado fino

4 melocotones grandes

1 cucharada de azúcar lustre

nata fresca espesa, para servir

1 Precaliente el horno a 190 °C. Engrase una fuente refractaria con mantequilla. Ponga en un bol las galletas, el chocolate fundido y la mantequilla, y mézclelo. Deje los melocotones en un cuenco resistente al calor aparte y llénelo con agua hirviendo. Déjelos 1 minuto, páselos a un cuenco con agua fría y espere 1 minuto más.

2 Retire los melocotones del agua y pélelos. Córtelos por la mitad y retire el hueso. Con una cucharita, extraiga un poco de pulpa de cada mitad de melocotón. Pique la pulpa y mézclela con las migas de galleta.

3 Rellene los melocotones con la pasta de galleta, y espolvoree con azúcar.

Cuézalos 30 minutos o hasta que estén tiernos y el relleno, crujiente. Páselos a una fuente grande y sírvalos con la nata fresca.

crepes de chocolate y frutas exóticas

para 4 personas **prep.: 20 min** **cocción: 15 min**

A todo el mundo le encantan las crepes, y éstas en particular son irresistibles. Espolvoréelas con azúcar glas y sírvalas de inmediato.

INGREDIENTES

100 g de harina
2 cucharadas de cacao en polvo
una pizca de sal
1 huevo batido
300 ml de leche
aceite, para freír
azúcar glas, para espolvorear

RELLENO

100 g de yogur griego natural
250 g de queso mascarpone
azúcar glas (opcional)
1 mango, pelado y cortado en dados
225 g de fresas, sin el rabillo y cortadas en cuartos
2 granadillas

variación

Otras combinaciones de fruta también quedarían bien, por ejemplo, frutas del bosque, plátano, pera y manzana.

sugerencia

Puede preparar las crepes con antelación, envolverlas en papel de aluminio y recalentarlas en el horno. Asegúrese de que estén bien calientes antes de rellenarlas y servirlas.

1 Para el relleno, ponga el yogur y el mascarpone en un cuenco y, si lo desea, endúlcelos con azúcar glas. Ponga los dados de mango y las fresas en un bol aparte, y mézclelo bien. Corte la granadilla por la mitad, extraiga la pulpa junto con las semillas y añádala al resto de la fruta. Remueva y reserve.

2 Para las crepes, tamice la harina, el cacao en polvo y el azúcar en un bol, y haga un hoyo en el centro. Agregue el huevo y bata bien con unas varillas. Poco a poco, vaya añadiendo la leche e incorporando la harina de los lados, y haga una pasta suave. Cúbrala y déjela reposar durante 20 minutos. Caliente un poquito de aceite en una sartén normal o especial para crepes de 18 cm. Vierta pasta suficiente para cubrir con una capa fina la base de la sartén. Déjela a fuego medio 1 minuto, dele la vuelta y déjela 30-60 segundos más o hasta que esté hecha.

3 Pase la crepe a un plato grande y manténgala caliente. Siga preparando crepes hasta que se acabe la pasta y apílelas una sobre otra separadas por un trozo de papel vegetal. Manténgalas calientes en el horno mientras prepara el resto. Divida el relleno entre las crepes, espolvoréelas con azúcar glas y sírvalas inmediatamente.

fondue de chocolate

cocción: 5 min **prep.: 20 min** **para 6 personas**

Fruta fresca fría para mojar en una caliente salsa de chocolate: un postre sencillo y al tiempo sofisticado. Perfecto para sus invitados.

variación

Si comen niños, sustituya el brandy por zumo de naranja. Además de la fruta, sirva trocitos de bizcocho, galletas, merengues o dulces de malvavisco.

sugerencia

Si no tiene un recipiente para simplemente derrita el chocolate en un cazo y páselo a un cuenco bonito para servirlo, aunque el chocolate se espesará más rápido que cuando se mantiene caliente sobre un quemador.

INGREDIENTES

1 piña
1 mango
12 alquequenjes
250 g de fresas frescas
250 g de uvas verdes sin pepitas

FONDUE

250 g de chocolate negro troceado
150 ml de nata espesa
2 cucharadas de brandy

1 Con un cuchillo afilado, pele la piña y quite la parte dura del centro; corte la pulpa en dados. Pele el mango y córtelo en dados. Abra el cáliz de los alquequenjes y recójalo hacia atrás. Disponga toda la fruta en 6 platos individuales y déjela enfriar en la nevera.

2 Para hacer la *fondue,* ponga el chocolate y la nata en un recipiente especial o en un cazo. Caliéntelo a fuego lento, sin dejar de remover, hasta que el chocolate se haya fundido. Agregue el brandy y remueva bien, hasta que la mezcla esté bien lisa.

3 Coloque el recipiente sobre el quemador para mantener caliente el chocolate. Ponga el hornillo en el centro de la mesa, reparta los platos entre los comensales y ofrezca unos tenedores para *fondue* o unos pinchos de bambú para ir mojando la fruta en el chocolate.

plátanos con chocolate a la barbacoa

para 4 personas **prep.: 5 min** **cocción: 10 min**

El broche de oro para una barbacoa. Abra los envoltorios de papel de aluminio con cuidado, porque quemarán. Sírvalo con nata montada.

INGREDIENTES

4 plátanos
50 g de gotas de chocolate
50 g de dulces de malvavisco en miniatura
nata montada, para servir

variación

Si quiere más sabor a fruta, ponga otras frutas en cada envoltorio, por ejemplo, fresas y frambuesas enteras, o rodajas de melocotón y mango.

sugerencia

Si no quiere preparar el postre a la barbacoa, puede asar los plátanos en el horno precalentado a 220 °C durante 15-20 minutos.

1 Con un cuchillo afilado, haga una incisión lateral en la piel de los plátanos hasta casi llegar a la fruta. Empuje unas gotas de chocolate y malvaviscos en las incisiones y después envuelva los plátanos bien apretados con papel de aluminio.

2 Disponga los plátanos envueltos sobre una rejilla y áselos a las brasas de carbón calientes de la barbacoa 10 minutos, dándoles la vuelta una vez a media cocción.

3 Abra los envoltorios con cuidado y sirva los plátanos con nata montada.

clafoutis de cerezas y chocolate

cocción: 50-60 min **prep.: 15 min** **para 6-8 personas**

El clafoutis *es un postre tradicional del sur de Francia que se hace con cerezas negras. El chocolate y el kirsch le dan un toque fantástico.*

variación

Si no es temporada de cerezas, o si así lo prefiere, prepare el *clafoutis* con otro tipo de fruta fresca, como ciruelas o manzanas de postre.

sugerencia

Puede servir el *clafoutis* directamente del horno, pero es mejor dejarlo enfriar un poco y después servirlo tibio con un poquito de nata.

INGREDIENTES

mantequilla, para engrasar
450 g de cerezas negras deshuesadas
25 g de azúcar rubio
3 huevos
55 g de azúcar lustre
55 g de harina de fuerza
2 cucharadas de cacao en polvo
150 ml de nata espesa
300 ml de leche
2 cucharadas de kirsch (opcional)
azúcar glas, para espolvorear
cerezas frescas enteras, para adornar
nata líquida, para servir

1

2

2

1 Precaliente el horno a 190 °C. Engrase ligeramente con mantequilla una fuente refractaria cuadrada de 23 cm de lado. Ponga las cerezas en la fuente, espolvoree con el azúcar y reserve.

2 En un bol, bata los huevos con el azúcar lustre hasta que estén suaves y esponjosos. Tamice la harina y el cacao en polvo sobre un plato e incorpórelos en el bol, de una sola vez. Bata bien y agregue la nata, y después la leche y el kirsch, si lo utiliza. Viértalo sobre las cerezas.

3 Hornee el *clafoutis* durante 50-60 minutos o hasta que haya subido ligeramente y esté hecho por el centro. Espolvoree con el azúcar glas y adorne con las cerezas frescas. Sírvalo caliente, con la nata.

tarta de chocolate y pacanas

cocción: 40-45 min **prep.: 25 min** **para 6-8 personas**

La pacana, uno de los frutos secos más consumidos en Estados Unidos, casa a la perfección con el chocolate.

sugerencia

Al extender la masa con el rodillo no utilice demasiada harina, ya que podría estropear la textura de la tarta, y hágalo en una sola dirección. Cubra la tarta con papel de aluminio si se dora demasiado durante el horneado.

INGREDIENTES

masa para pasta quebrada especial (*véase* pág. 13)
nata montada, para servir
canela molida, para espolvorear

RELLENO

55 g de mantequilla
3 cucharadas de cacao en polvo
225 ml de sirope dorado
3 huevos
70 g de azúcar mascabado oscuro
175 g de pacanas, peladas y picadas

1 Extienda la masa, fría de la nevera, sobre una superficie enharinada, y forre con ella un molde para tarta de 20 cm de diámetro.

2 Precaliente el horno a 190 °C. Derrita la mantequilla en un cazo de base gruesa, a fuego lento. Tamice por encima el cacao y agregue el sirope.

3 En un cuenco grande, bata los huevos con el azúcar. Añada la mantequilla al cacao y las pacanas, y remueva bien. Vierta la pasta en el molde.

4 Ponga la tarta sobre una bandeja refractaria precalentada y hornéela durante 35-40 minutos o hasta que el relleno haya cuajado.

Deje que se enfríe un poco y sírvala con una cucharada de nata montada, espolvoreada con canela molida.

pudin de pan con leche y chocolate

para 6 personas **prep.: 15 min + 10 min de remojo** **cocción: 50-55 min**

En esta receta se da un nuevo giro a este tradicional pudin infantil adiendo chocolate a la crema.

INGREDIENTES

600 ml de leche
150 ml de nata espesa
75 g de chocolate negro troceado
70 g de mantequilla ablandada, y un poco más para engrasar
6 rebanadas gruesas de pan de frutas
3 huevos
55 g de azúcar lustre
1 cucharada de azúcar de Demerara
1 cucharadita de canela molida

variación

En lugar de pan de frutas, utilice pan blanco y esparza unas cuantas frutas secas entre las rebanadas.

sugerencia

Este pudin se prepara al baño María, en una fuente grande para asados llena de agua. Eso ayuda a que el proceso de cocción sea más lento y evita que en las natillas se formen grumos.

1 Precaliente el horno a 180 °C. Engrase con mantequilla una fuente refractaria de 1,4 litros de capacidad. Ponga la leche, la nata y el chocolate en un cazo de base gruesa y caliéntelo a fuego lento hasta que el chocolate se haya fundido. Unte las rebanadas de pan con mantequilla y córtelas en triángulos. Coloque los triángulos de pan en la fuente engrasada.

2 Incorpore los huevos y el azúcar lustre a la leche con chocolate y vierta la mezcla sobre el pan. Déjelo reposar 10 minutos. Con suavidad, vaya empujando el pan hacia abajo.

3 Ponga el azúcar de Demerara y la canela en un bol y mezcle. Espolvoree con ello el pudin. Coloque la fuente dentro de una bandeja honda para asados y vierta agua caliente hasta la mitad de la altura de la fuente. Cueza el pudin durante 50-55 minutos o hasta que el esté ligeramente compacto y la parte superior se haya dorado.

pastel de chocolate con natillas al romero

para 8 personas **prep.: 25 min + 30 min de infusión** **cocción: 1 h-1 h 10 min**

Este pastel se puede comer frío, pero resulta incluso más especial caliente, acompañado de natillas con un delicado aroma a romero.

INGREDIENTES

115 g de mantequilla sin sal, y un poco más para engrasar
150 g de chocolate negro troceado
3 huevos grandes, con las yemas separadas de las claras
1 clara de huevo más
115 g de azúcar lustre
½ cucharadita de crémor tártaro
2 cucharadas de harina
1 cucharadita de canela molida
20 g de almendras molidas
azúcar glas, para espolvorear
ramitas de romero fresco, para decorar

NATILLAS

2 ramitas de romero fresco
1 vaina de vainilla abierta
300 ml de nata líquida
150 ml de leche
5 yemas de huevos grandes
40 g de azúcar lustre

variación

Como alternativa al romero, puede aromatizar las natillas con piel de naranja, hojas de laurel, brandy o un licor de su elección.

1 Precaliente el horno a 180 °C. Engrase y forre la base de un molde redondo de 22 cm. Ponga el chocolate y la mantequilla en un cuenco resistente al calor y encájelo en un cazo con agua hirviendo a fuego suave hasta que se hayan derretido. Agregue las yemas de huevo y la mitad del azúcar. Ponga las 4 claras y el crémor tártaro en un cuenco limpio y móntelas a punto de nieve suave. Vaya añadiendo el resto del azúcar y batiendo, hasta que estén espesas pero no duras. En otro cuenco, tamice la harina y la canela, y añada la almendra molida. Mézclelo con las claras y después con el chocolate.

2 Pase la pasta al molde y póngalo en una bandeja honda de horno. Vierta agua caliente hasta media altura del molde. Hornee el pastel 60-70 minutos, hasta que esté hecho. Saque el molde del agua y deje reposar el pastel 10 minutos. Luego, sáquelo del molde y déjelo sobre una rejilla metálica.

3 Ponga en un cazo el romero, la vainilla, la nata y la leche, y caliéntelo hasta que casi hierva. Retírelo del fuego y déjelo en infusión 30 minutos. Bata las yemas con el azúcar hasta obtener una crema espesa y pálida. Caliente la nata, cuélela sobre las yemas y bata bien. Encaje el cuenco en un cazo con agua hirviendo a fuego lento y remueva hasta que las natillas se espesen. Espolvoree el pastel con azúcar glas, decórelo con un poco de romero y sírvalo con las natillas.

pudin de chocolate al vapor

para 4-6 personas **prep.: 25 min** **cocción: 1 h 30 min**

Este pudin está en las antípodas de los aburridos postres escolares. Es mejor servirlo recién hecho.

INGREDIENTES

115 g de mantequilla ablandada, y un poco más para engrasar
115 g de azúcar mascabado
2 huevos batidos
85 g de harina de fuerza
25 g de cacao en polvo
1-2 cucharadas de leche (opcional)
100 g de gotas de chocolate

SALSA

55 g de mantequilla
55 g de azúcar mascabado
3 cucharadas de brandy
55 g de avellanas enteras, escaldadas
55 g de frutas secas variadas

variación

Para que sea más tentador aún, sírvalo con una salsa de chocolate (*véase* pág. 13), a la que podrá añadir 2 cucharadas de brandy, si lo desea.

sugerencia

Prepare el pudin con antelación y después cuézalo, tapado, en una cazuela con agua hirviendo, sobre un trípode, durante 20-30 minutos.

1 Engrase un molde para pudin de 1,2 litros de capacidad y forre la base con papel vegetal. Bata la mantequilla con el azúcar hasta que esté ligera y esponjosa. Añada el huevo poco a poco. Tamice la harina y el cacao por encima, y remueva. Si la pasta fuera muy compacta, agregue un poco de leche. Incorpore las gotas de chocolate.

2 Pase la pasta al molde. Recorte un redondel de papel vegetal y otro de papel de aluminio, unos 8 cm más grandes que la boca del molde. Ponga el papel vegetal encima del de aluminio y engráselo. Haga un pliegue en el centro de los dos y cubra el molde, con el papel vegetal hacia abajo, atándolos con un cordel. Deje el molde sobre un trípode dentro de una cazuela y vierta agua hirviendo hasta la mitad de la altura del molde. Tape la cazuela y cueza el pudin a fuego suave 1½ horas. Vaya añadiendo agua hirviendo si fuera necesario.

3 Para la salsa, ponga la mantequilla y el azúcar en un cazo y caliéntelo a fuego suave hasta que el azúcar se haya disuelto y la mezcla esté un poco caramelizada. Agregue el brandy y deje que burbujee durante 1 minuto. Añada las avellanas y la fruta seca. Con cuidado, vuelque el pudin en una fuente y rocíelo con cucharadas de salsa. Sírvalo inmediatamente.

pudines individuales de chocolate fondant

cocción: 20 min | **prep.: 15 min** | **para 4 personas**

Cuando alcance el interior de estos sabrosos pudines descubrirá su seductor y cálido secreto de chocolate fundido.

variación

Para una presentación aún más tentadora, sirva estos pudines con una salsa de frambuesa y unas cuantas frambuesas frescas.

sugerencia

Puede preparar la pasta de los pudines y dejar los moldes, tapados, en la nevera o el congelador hasta que los vaya a hacer. La cocción tardará unos minutos más de lo que indica la receta.

INGREDIENTES

100 g de mantequilla, y un poco más para engrasar

100 g de azúcar lustre, y un poco más para espolvorear los moldes

100 g de chocolate negro troceado

2 huevos grandes

1 cucharadita de esencia de vainilla

2 cucharadas de harina

azúcar glas, para espolvorear

helado de vainilla, para servir

1 Precaliente el horno a 200 °C. Engrase 4 moldes o tarrinas individuales y espolvoréelos con azúcar lustre. Ponga la mantequilla y el chocolate en un cuenco resistente al calor y encájelo en un cazo con agua hirviendo a fuego lento, hasta que se hayan fundido. Remueva hasta que esté suave. Deje que se enfríe.

2 Bata los huevos en un cuenco con la esencia de vainilla, el azúcar lustre y la harina. Agregue el chocolate fundido. Reparta la crema entre los moldes y colóquelos en una fuente para el horno. Cueza los pudines durante 12-15 minutos, o hasta que hayan subido y estén cuajados por fuera, pero todavía líquidos por dentro.

3 Déjelos reposar 1 minuto, vuélquelos sobre 4 platos de postre, espolvoréelos con azúcar glas y sírvalos inmediatamente con helado de vainilla.

pudin de chocolate jugoso

para 4-6 personas **prep.: 10 min** **cocción: 50-60 min**

Cuando este pudin sale del horno no tiene un aspecto especialmente atractivo, pero al cortarlo se descubre un apetecible chocolate líquido en el fondo de la fuente.

INGREDIENTES

85 g de mantequilla ablandada, y un poco más para engrasar
55 g de harina de fuerza
25 g de cacao en polvo
1 cucharadita de canela molida
115 g de azúcar lustre
1 huevo
25 g de azúcar mascabado oscuro
55 g de pacanas, peladas y picadas
300 ml de café exprés caliente
azúcar glas, para espolvorear
nata montada, para servir

sugerencia

Procure no abrir la puerta del horno durante los primeros 40 minutos de cocción, pues si lo hiciera el pudin se hundiría y no quedaría tan bonito.

1 Precaliente el horno a 160 °C. Engrase una fuente refractaria llana de 1,2 litros de capacidad con un poco de mantequilla. Tamice la harina, el cacao en polvo y la canela sobre un cuenco grande. Añada la mantequilla, 85 g de azúcar lustre y el huevo, y bata hasta obtener una pasta homogénea. Viértala en el molde y esparza por encima el azúcar mascabado y las pacanas.

2 Vierta el café en una jarra graduada, añada el resto del azúcar lustre y remueva hasta que se haya disuelto. Con cuidado, viértalo en la fuente por encima de la preparación.

3 Hornee el pudin durante 50-60 minutos o hasta que esté firme al tacto por el centro. Espolvoree con un poco de azúcar glas y sírvalo de inmediato, con la nata montada.

soufflés de capuchino

cocción: 15 min **prep.: 25 min** **para 6 personas**

Estos ligeros pudines se derriten en la boca. Servidos con helado de vainilla, son el colofón perfecto para cualquier comida.

variación

El Kahlua es un licor con un característico sabor a café, pero si no lo encuentra puede utilizar ron o brandy como alternativa.

INGREDIENTES

mantequilla, para engrasar
25 g de azúcar lustre, y un poco más para espolvorear los moldes
6 cucharadas de nata para montar
2 cucharaditas de café exprés soluble
2 cucharadas de Kahlua
3 huevos grandes, con las yemas separadas de las claras
1 clara de huevo más
150 g de chocolate fundido y enfriado (*véase* págs. 9-10)
cacao en polvo, para espolvorear
helado de vainilla, para servir

1 Precaliente el horno a 190 °C. Engrase con mantequilla los lados de 6 tarrinas de 175 ml de capacidad y espolvoréelas con azúcar lustre. Colóquelas en una bandeja para el horno.

2 Caliente la nata a fuego lento en un cazo de base gruesa. Agregue el café, remueva hasta que se haya disuelto y añada el licor. Divida la mezcla de café entre las tarrinas preparadas.

3 Ponga las claras de huevo en un cuenco limpio y sin grasa alguna, y móntelas a punto de nieve. Añada poco a poco el azúcar, hasta que las claras estén espesas pero no secas. En un bol aparte, bata las yemas con el chocolate fundido, y después incorpore un poquito de clara montada. Poco a poco, vaya añadiendo el resto.

4 Divida la mezcla entre las tarrinas. Cueza los *soufflés* en el horno 15 minutos o hasta que estén hechos. Espolvoréelos con el cacao en polvo y sírvalos de inmediato, con el helado de vainilla.

soufflé de chocolate con sabayón de café

cocción: 50 min **prep.: 25 min** **para 4-6 personas**

Los soufflés, especialmente los de chocolate, no son tan difíciles de preparar como se cree. Lo esencial es asegurarse de que todo el mundo esté sentado a la mesa cuando se sacan del horno.

variación

Sustituya el chocolate negro por chocolate blanco y sirva el *soufflé* con una salsa de chocolate (*véase* pág. 13) en lugar del sabayón.

sugerencia

Un *soufflé* preparado se conservará en la nevera hasta 2 horas antes de hornearlo, y subirá durante la cocción.

INGREDIENTES

mantequilla, para engrasar
55 g de azúcar lustre, y un poco más para espolvorear los moldes
3 cucharadas de harina de maíz
250 ml de leche
115 g de chocolate negro troceado
4 huevos, con las yemas separadas de las claras
azúcar glas, para espolvorear

SABAYÓN

2 huevos
3 yemas de huevo
85 g de azúcar lustre
4 cucharaditas de café soluble
2 cucharadas de brandy

1

2

3

1 Precaliente el horno a 190 °C. Engrase con mantequilla un molde para *soufflé* de 1 litro de capacidad y espolvoree con azúcar lustre. Para hacer el *soufflé*, ponga la harina en un bol y deslíala con un poco de leche. Vierta el resto en un cazo de base gruesa y añada el chocolate. Fúndalo a fuego suave, y después remueva. Vierta la leche con chocolate sobre la pasta de harina, removiendo. Páselo al cazo y caliéntelo, sin dejar de remover, hasta que hierva. Déjelo 1 minuto a fuego suave. Retírelo del fuego y añada las yemas de huevo, de una en una, y el azúcar. Tápelo y deje que se entibie.

2 Monte las claras a punto de nieve suave en un cuenco perfectamente limpio y sin rastro de grasa. Poco a poco, añada el azúcar lustre, y bata hasta que la pasta esté espesa pero no seca. Añada un poco de merengue a la mezcla de chocolate, y con cuidado vaya incorporando el resto. Vierta la pasta en el molde y hornee el *soufflé* 40 minutos o hasta que haya subido y tiemble un poco al agitarlo.

3 Justo antes de que el *soufflé* esté listo, prepare el sabayón de café. Ponga todos los ingredientes en un cazo de base gruesa. Caliéntelo a fuego muy lento y sin dejar de remover, hasta que la crema esté espesa y ligera. Espolvoree el *soufflé* con un poco de azúcar glas y sírvalo inmediatamente acompañado del sabayón.

tarta de queso caliente

para 8-10 personas **prep.: 25 min + 10 min en la nevera** **cocción: 1 h 30 min**

Esta suculenta y caprichosa tarta lleva doble ración de chocolate: en la masa y en el relleno. Está deliciosa caliente.

INGREDIENTES

mantequilla, para engrasar

MASA

150 g de harina
2 cucharadas de cacao en polvo
75 g de mantequilla, en dados
2 cucharadas de azúcar lustre
25 g de almendras molidas
1 yema de huevo

RELLENO

2 huevos, con las yemas separadas de las claras
75 g de azúcar lustre
350 g de queso cremoso
40 g de almendras molidas
150 ml de nata espesa
25 g de cacao en polvo tamizado
1 cucharadita de esencia de vainilla
azúcar glas, para espolvorear

variación

Si lo desea, prepare un poco más de masa, recorte unas tiras y colóquelas formando una rejilla sobre el relleno antes de cocer la tarta.

sugerencia

Para desmoldar la tarta más fácilmente, ponga el molde sobre una lata ancha, abra el cierre del aro del molde y dele unos golpecitos suaves, para que caiga sobre la superficie de trabajo.

1 Precaliente el horno a 160 °C. Engrase un molde redondo y desmontable de 20 cm con mantequilla. Para hacer la masa, tamice la harina y el cacao en polvo en un cuenco. Añada la mantequilla y trabájelo hasta obtener una consistencia de pan rallado. Incorpore el azúcar y la almendra molida. Añada la yema de huevo y el agua justa para obtener una masa suave. Extiéndala con el rodillo de cocina sobre una superficie ligeramente enharinada y forre el molde. Déjela enfriar en la nevera mientras prepara el relleno.

2 Para el relleno, ponga las yemas con el azúcar en un cuenco grande y bátalas hasta que estén espesas y de color pálido. Añada el queso, la almendra, la nata, el cacao y la esencia de vainilla, y bata hasta que esté homogéneo.

3 En un cuenco bien limpio y sin rastro de grasa, monte las claras a punto de nieve medio. Añada un poco de clara montada a la crema de queso, y poco a poco vaya incorporando el resto. Rellene la base de la tarta con la mezcla y cuézala durante 1½ horas o hasta que haya subido y esté firme al tacto. Saque la tarta del molde y espolvoréela con azúcar glas.

pasteles y tartas

Tanto en una celebración especial como simplemente en familia o entre amigos, con un pastel o una tarta de chocolate tendrá el éxito garantizado: gustan a todo el mundo. Y no se preocupe, verá como no hace falta ser un gran chef para preparar una auténtica delicia cada vez que le apetezca hacerlo, o siempre que se presente la ocasión.

En este apartado encontrará estupendos pasteles, como el Pastel de chocolate y fresas *(véase pág. 83) o la* Tarta de chocolate trufado *(véase pág. 81), que podrá servir como postre o para alguna celebración, y postres más sencillos que gustarán a toda la familia, como el* Plum-cake de plátano y chocolate *(véase pág. 104) o el* Pastel bicolor de chocolate y vainilla *(véase pág. 98). También hallará recetas clásicas de distintas partes del mundo, como la* Cassata siciliana *(véase pág. 107) o la* Tarta Sacher vienesa *(véase pág. 92), y otras delicias asombrosas como la* Tarta de chocolate y caramelo *(véase pág. 111) o la ácida* Tarta de chocolate y limón *(véase pág. 108).*

Tanto si se inclina por jugosos y cremosos pasteles como por otros más sencillos con sólo un poco de cacao en polvo como decoración, en este capítulo encontrará lo más adecuado para cada ocasión. Y una cosa es segura: sea lo que sea, volará.

brazo de gitano con doble chocolate

para 8 personas **prep.: 30 min + 10 h de reposo y nevera** **cocción: 20-25 min**

Bizcocho de chocolate negro y crema de chocolate blanco dan lugar a este suculento postre. Delicioso con frutas del bosque.

INGREDIENTES

4 huevos, las yemas separadas de las claras
115 g de azúcar lustre
115 g de chocolate negro fundido y enfriado (*véase* pág. 9)
1 cucharadita de café soluble, disuelto en 2 cucharadas de agua caliente, ya enfriado
azúcar glas, para adornar
cacao en polvo, para espolvorear
frambuesas frescas, para servir

RELLENO

250 ml de nata para montar
140 g de chocolate blanco troceado
3 cucharadas de licor Tia Maria

variación

Si lo desea, puede sustituir el Tia Maria por la misma cantidad de brandy, ron o zumo de naranja.

sugerencia

Si va escaso de tiempo, no hace falta que deje el brazo de gitano 2 horas en la nevera una vez preparado, aunque así coge otro cuerpo y después resulta más fácil cortarlo.

1 Precaliente el horno a 180 °C. Forre con papel vegetal un molde de 23 x 33 cm. Bata las yemas con el azúcar en un bol hasta que estén pálidas y esponjosas. Añada el chocolate y después el café. Monte las claras a punto de nieve en un cuenco limpio. Añada un poco de clara a la crema de chocolate, y poco a poco incorpore el resto. Extienda la pasta en el molde y hornéela 15-20 minutos o hasta que esté hecha. Tápela con un paño de cocina húmedo y déjela en el molde 8 horas.

2 Para el relleno, caliente la nata hasta que casi hierva. Pique el chocolate en un robot de cocina, no demasiado fino. Con el motor en marcha, vaya añadiendo la nata caliente. Bata hasta que esté suave. Añada el licor. Pase la mezcla a un cuenco y deje que se enfríe. Guárdela 8 horas en la nevera.

3 Para montar el brazo de gitano, bata la crema de chocolate hasta que se formen picos suaves. Ponga sobre la mesa un trozo de papel vegetal más grande que el brazo de gitano y espolvoree con azúcar glas. Vuelque el bizcocho sobre el papel. Retire el forro del molde. Extienda la crema de chocolate sobre el bizcocho y enrolle el brazo de gitano por la parte más estrecha y hacia delante. Páselo a una fuente, con la juntura hacia abajo. Déjelo 2 horas en la nevera y después espolvoree cacao en polvo por encima. Sírvalo con unas frambuesas.

pastel de frambuesas

para 8-10 personas **prep.: 20 min** **cocción: 40-50 min**

Las frambuesas de este suculento pastel de chocolate negro le dan un toque fresco y ácido. Sírvalo con frambuesas frescas y nata.

INGREDIENTES

225 g de mantequilla, y un poco más para engrasar
250 g de chocolate negro troceado
1 cucharada de café exprés bien cargado
5 huevos
85 g de azúcar lustre
85 g de harina
1 cucharadita de canela molida
175 g de frambuesas frescas
azúcar glas, para espolvorear

PARA SERVIR

frambuesas frescas
nata montada

variación

Si no encuentra frambuesas frescas úselas congeladas, aunque serán más blandas que las frescas, y tendrá que descongelarlas bien antes de servirlas para que no suelten demasiado líquido.

1 Precaliente el horno a 160 °C. Engrase con mantequilla un molde para pastel de 23 cm de diámetro y forre la base con papel vegetal. Ponga el chocolate, el café y la mantequilla en un bol pequeño resistente al calor, encájelo en un cazo con agua hirviendo a fuego lento y déjelo hasta que todo se haya derretido. Remueva y deje que se entibie.

2 En un cuenco aparte, bata los huevos con el azúcar hasta obtener una crema espesa y pálida. Con cuidado, incorpore la pasta de chocolate. Tamice la harina y la canela en un bol aparte, e incorpórelas también. Vierta la pasta en el molde y esparza las frambuesas uniformemente por la superficie.

3 Hornee el pastel durante 35-45 minutos, o hasta que haya subido y esté esponjoso. Déjelo enfriar en el molde 15 minutos y después páselo a una fuente. Espolvoréelo con azúcar glas antes de servirlo, con unas frambuesas frescas y nata.

tarta de chocolate trufado

cocción: 7-10 min **prep.: 40 min + 4-5 h en la nevera** **para 10 personas**

Una deliciosa crema de chocolate y nata recubre el suave bizcocho: un postre irresistible para una ocasión muy especial.

sugerencia

Es muy importante que la nata sólo esté ligeramente montada, porque se espesará al añadirle el chocolate fundido. Incorpore el chocolate con suavidad, con una espátula de goma.

INGREDIENTES

mantequilla, para engrasar

55 g de azúcar lustre

2 huevos

25 g de harina

25 g de cacao en polvo, y un poco más para adornar

50 ml de café exprés bien cargado, frío

2 cucharadas de brandy

COBERTURA

600 ml de nata para montar

425 g de chocolate negro, fundido y enfriado (*véase* págs. 9-10)

azúcar glas, para adornar

1

2

3

1 Precaliente el horno a 220 °C. Engrase con mantequilla un molde para pastel desmontable de 23 cm de diámetro y forre la base con papel vegetal. Ponga el azúcar y los huevos en un cuenco resistente al calor, y colóquelo sobre un cazo con agua caliente. Bata hasta que estén pálidos y esponjosos. Tamice la harina y el cacao en un bol aparte e incorpórelos con suavidad. Vierta la pasta en el molde y cueza el bizcocho durante 7-10 minutos o hasta que haya subido y esté firme al tacto.

2 Pase el bizcocho a una rejilla metálica para que se enfríe. Mezcle el café con el brandy y pinte el bizcocho. Para la cobertura, ponga la nata en un cuenco y bata hasta que se formen picos suaves. Con cuidado, mézclela con el chocolate fundido. Extienda la crema de chocolate sobre el bizcocho y déjelo enfriar en la nevera 4-5 horas o hasta que esté compacto.

3 Para adornar la tarta, tamice cacao en polvo sobre la superficie. Coloque unas tiras de cartulina o papel vegetal encima y tamice un poco de azúcar glas para dibujar unas rayas. Para servirla, córtela en porciones con un cuchillo caliente.

pastel de chocolate y fresas

cocción: 30-40 min **prep.: 25 min** **para 8 personas**

Fresas con nata sobre un ligero bizcocho de chocolate. Sin duda, éste es el capricho perfecto para un fresco día de primavera.

variación

Si lo desea, sustituya el kirsch por cualquier otro licor, por ejemplo, Cointreau, o bien por brandy.

sugerencia

Si no quiere hacer usted mismo las virutas de chocolate, cómprelas preparadas. También puede adornar el borde del pastel aplicando copos de chocolate.

INGREDIENTES

mantequilla, para engrasar

BIZCOCHO

3 huevos

115 g de azúcar lustre

90 g de harina de fuerza

2 cucharadas de cacao en polvo

RELLENO Y COBERTURA

250 g de fresas

300 ml de nata espesa

½ cucharadita de esencia de vainilla

1 cucharada de azúcar glas

2 cucharadas de kirsch

virutas de chocolate (*véase* pág. 10)

1

3

3

1 Precaliente el horno a 190 °C. Engrase y forre un molde para pastel de 22 cm de diámetro. Para el bizcocho, bata los huevos con el azúcar hasta que estén espesos y esponjosos, y que cuelgue un hilo de pasta al levantar las varillas. Tamice la harina y el cacao en polvo en un cuenco aparte, y mézclelo con el huevo. Vierta la pasta en el molde y cueza el bizcocho 30-40 minutos, o hasta que esté esponjoso al tacto por el centro. Déjelo 5 minutos en el molde, y después deje que se enfríe sobre una rejilla metálica.

2 Mientras tanto, prepare el relleno. Reserve 4 fresas, quite el rabillo al resto y córtelas en rodajas. Bata la nata con la esencia de vainilla y el azúcar glas hasta que se espese. Reserve dos tercios de la nata y añada las fresas en rodajas al resto.

3 Corte el bizcocho en dos horizontalmente y rocíe cada mitad con 1 cucharada de kirsch. Coloque la capa inferior sobre una fuente y extienda la nata con fresas por encima. Coloque la otra capa encima. Introduzca un poco de la nata reservada en una manga pastelera con una boquilla acanalada y extienda el resto por toda la superficie del pastel. Adhiera en los lados virutas de chocolate. Forme una cenefa de nata alrededor del borde con la manga pastelera. Corte las fresas reservadas por la mitad, con los rabillos, y dispóngalas sobre la nata.

pastel con doble chocolate

cocción: 55-65 min **prep.: 1 h + 2 h en la nevera** **para 10 personas**

Este bizcocho de chocolate con capas de crema de chocolate blanco y cobertura de chocolate negro se podría servir tanto como postre como para alguna celebración especial.

variación

Para rellenar el pastel, mezcle 115 g de frambuesas frescas con la nata montada. Prescinda del chocolate, si lo desea, y sírvalo con fresas.

sugerencia

Es importante emplear el molde correcto, pues su tamaño determina el tiempo de cocción y el aspecto del pastel, así que úselo siempre de las medidas que indica la receta.

INGREDIENTES

mantequilla, para engrasar

RELLENO

250 g de nata para montar

225 g de chocolate blanco troceado

BIZCOCHO

225 g de mantequilla ablandada

225 g de azúcar lustre

4 huevos, batidos

175 g de harina de fuerza

55 g de cacao en polvo

1-2 cucharadas de leche (opcional)

COBERTURA

350 g de chocolate negro troceado

115 g de mantequilla

85 ml de nata espesa

PARA ADORNAR

virutas de chocolate (*véase* pág. 10), frías de la nevera

115 g de chocolate negro troceado

2 cucharaditas de azúcar glas mezclado con cacao en polvo

1 Engrase y forre la base de un molde redondo para pastel de 20 cm. Para el relleno, caliente la nata hasta que casi hierva. Ponga el chocolate blanco en un robot de cocina y píquelo grueso. Con el motor en marcha, añada la nata. Bata 10-15 segundos o hasta que la mezcla esté suave. Pásela a un cuenco y déjela enfriar. Tápela y déjela 2 horas en la nevera, o hasta que esté firme. Después, bátala hasta que se formen picos suaves.

2 Precaliente el horno a 180 °C. Para el bizcocho, bata la mantequilla con el azúcar hasta que esté ligera y esponjosa. Agregue el huevo poco a poco. Tamice la harina y el cacao en un bol aparte e incorpórelos, con un poco de leche si hace falta para obtener una buena consistencia. Extienda la pasta en el molde y cueza el bizcocho durante 45-50 minutos, o hasta que esté esponjoso al tacto y un pincho de cocina salga limpio al clavarlo en el centro. Deje el bizcocho en el molde 5 minutos, y después sáquelo y déjelo sobre una rejilla metálica para que se enfríe.

3 Derrita el chocolate (*véase* págs. 9-10), y añada la mantequilla y la nata. Deje que se enfríe, removiendo con frecuencia, hasta que esté espeso pero todavía fluido. Rebane el bizcocho en 3 capas y júntelas con el relleno. Aplique la cobertura por toda la superficie, espolvoree con virutas de chocolate y tamice por encima azúcar glas y cacao.

tarta de chocolate blanco y negro

para 6 personas **prep.: 1 h 30 min** **cocción: 35-40 min**

Si no se acaba de decidir entre el chocolate negro y amargo o el cremoso chocolate blanco, éste es su pastel.

INGREDIENTES

4 huevos
100 g de azúcar lustre
100 g de harina

RELLENO

300 ml de nata espesa
150 g de chocolate negro troceado

COBERTURA

75 g de chocolate blanco
1 cucharada de mantequilla
1 cucharada de leche
4 cucharadas de azúcar glas

sugerencia

Dé el toque final a este fantástico pastel adornándolo con canutillos de chocolate (*véase* pág. 10). Hágalos de chocolate blanco o negro, o mitad y mitad.

3

4

5

1 Precaliente el horno a 180 °C. Engrase y forre la base de un molde redondo y desmontable para pasteles de 20 cm. En un cuenco grande, bata los huevos y el azúcar lustre con unas varillas eléctricas, unos 10 minutos o hasta obtener una pasta ligera y esponjosa, y que al levantar las varillas cuelgue un hilo que tarde unos segundos en caer.

2 Tamice la harina e incorpórela con una cuchara metálica. Vierta la pasta en el molde y cueza el bizcocho 35-40 minutos o hasta que esté esponjoso al tacto. Déjelo entibiar un poco y después páselo a una rejilla metálica para que se enfríe.

3 Para el relleno, ponga la nata en un cazo y llévela a ebullición, removiendo. Añada el chocolate y remueva hasta que se haya fundido. Retírelo del fuego, páselo a un cuenco y déjelo enfriar. Bata con una cuchara de madera hasta que se espese.

4 Rebane el bizcocho en 2 capas. Júntelas con la crema de chocolate negro y deje el pastel sobre una rejilla.

5 Para la cobertura, derrita el chocolate con la mantequilla y remueva hasta obtener una pasta homogénea. Agregue la leche y el azúcar glas, y siga batiendo unos minutos más, hasta que se enfríe. Vierta la crema sobre la tarta y extiéndala con una espátula para recubrir bien la superficie y los lados. Déjela endurecerse antes de servir.

pastel caribeño de chocolate

cocción: 45-50 min

prep.: 10 min + 1 h de enfriamiento

para 12 personas

Este ligero pastel de chocolate y especias, con una sabrosa cobertura al jengibre, es perfecto para cualquier hora del día.

sugerencia

A ser posible, haga el pastel con antelación y guárdelo un día entero en un recipiente hermético, pues eso potenciará su extraordinario sabor.

INGREDIENTES

115 g de mantequilla en dados
200 g de harina de fuerza
25 g de cacao en polvo
1 cucharada de jengibre molido
1 cucharadita de canela molida
½ cucharadita de bicarbonato sódico
115 g de azúcar mascabado claro
2 huevos
1½ cucharadas de sirope dorado
1½ cucharadas de leche

COBERTURA

6 trozos de jengibre en almíbar, y el jugo del tarro
115 g de azúcar glas
1 cucharada de ron

1 Precaliente el horno a 160 °C. Engrase y forre la base de un molde cuadrado de 18 x 18 cm. Tamice la harina, el cacao en polvo, el jengibre molido, la canela y el bicarbonato sobre un cuenco grande. Añada la mantequilla y trabájelo con las manos. A continuación, incorpore el azúcar y haga un hoyo en el centro.

2 Ponga los huevos en un bol con el sirope y la leche. Bata y viértalo sobre los ingredientes secos. Bata hasta que la pasta esté lisa y brillante. Pásela al molde y cueza el bizcocho 45-50 minutos, o hasta que haya subido y esté firme al tacto. Déjelo en el molde 30 minutos y después póngalo sobre una rejilla metálica para que se enfríe.

3 Para la cobertura, corte los trocitos de jengibre en cuartos y colóquelos sobre la parte superior del pastel. Tamice el azúcar glas en un bol, y añada el ron y el almíbar necesario del tarro de jengibre para obtener una crema suave. Viértala sobre el pastel y espere a que se endurezca. Para servirlo, corte el pastel en 12 cuadrados.

pastel de chocolate y caramelo

para 8 personas **prep.: 25 min + 2 h de enfriamiento y nevera** **cocción: 35-45 min**

Este suculento pastel con cremosa y suave cobertura de caramelo es el perfecto pastel de cumpleaños para un amante del chocolate.

INGREDIENTES

175 g de mantequilla sin sal ablandada, y un poco más para engrasar
175 g de azúcar lustre
3 huevos batidos
3 cucharadas de sirope dorado
40 g de almendras molidas
175 g de harina de fuerza
una pizca de sal
40 g de cacao en polvo

COBERTURA

225 g de chocolate negro troceado
55 g de azúcar mascabado oscuro
225 g de mantequilla sin sal, en dados
5 cucharadas de leche evaporada
½ cucharadita de esencia de vainilla

variación

Para que la cobertura quede aún más cremosa, sustituya la leche evaporada por la misma cantidad de nata líquida.

sugerencia

Incorpore el huevo a la mantequilla poco a poco, batiendo bien después de cada adición. Si la pasta empezara a cuajar mientras lo hace, añada un poquito de harina.

1 Engrase y forre la base de 2 moldes para pastel redondos de 20 cm. Para la cobertura, ponga el chocolate, el azúcar, la mantequilla, la leche evaporada y la esencia de vainilla en un cazo de base gruesa. Caliéntelo a fuego lento, sin dejar de remover, hasta que se haya fundido. Viértalo en un cuenco y deje que se enfríe. Cubra el cuenco y déjelo en la nevera 1 hora, o hasta que la crema tenga la consistencia adecuada para poder extenderla sobre el pastel.

2 Precaliente el horno a 180 °C. Bata la mantequilla con el azúcar en un cuenco hasta que esté ligera y esponjosa. Añada el huevo poco a poco. Agregue el sirope y la almendra molida. Tamice la harina, la sal y el cacao en polvo en un cuenco aparte y después añádalos a la pasta. Agregue un poco de agua si fuera necesario, hasta obtener una buena consistencia. Reparta la pasta entre los moldes y cueza los bizcochos 30-35 minutos o hasta que estén esponjosos al tacto y que al clavar un pincho de cocina en el centro salga limpio.

3 Deje los bizcochos en los moldes 5 minutos, y después póngalos sobre rejillas metálicas para que terminen de enfriarse. Cuando estén fríos, júntelos con la mitad de la cobertura. Extienda el resto por la superficie y los lados, haciendo un efecto de remolinos para adornar.

pastel de chocolate con almíbar de café

cocción: 50 min | **prep.: 15 min** | **para 12 personas**

Un pastel de chocolate de intenso sabor que queda especialmente bien servido un poco caliente, con nata, como postre.

variación

Corte el pastel en dos capas y rellénelo con nata montada y cerezas amargas sin el hueso; sírvalo con el almíbar de café.

sugerencia

Cuando prepare un almíbar, tenga a mano un pincel para repostería y una jarra de agua fría, y vaya pintando de vez en cuando la pared del cazo con agua. Así evitará que el jarabe cristalice.

INGREDIENTES

115 de mantequilla sin sal, y un poco más para engrasar
225 g de chocolate negro troceado
1 cucharada de café exprés bien cargado
4 huevos grandes
2 yemas de huevo
115 g de azúcar lustre
55 g de harina
2 cucharaditas de canela molida
50 g de almendras molidas
granos de café recubiertos de chocolate, para adornar

ALMÍBAR

300 ml de café exprés bien cargado
115 g de azúcar lustre
1 rama de canela

1 Precaliente el horno a 190 °C. Engrase y forre la base de un molde hondo para pastel de 20 cm de diámetro. Ponga el chocolate, la mantequilla y el café en un cuenco resistente al calor, y déjelo sobre un cazo con agua hirviendo a fuego suave hasta que se haya fundido. Remueva, retírelo del fuego y déjelo enfriar ligeramente.

2 Ponga los huevos enteros, las yemas y el azúcar en un bol aparte, y bata hasta obtener una pasta espesa y pálida. Tamice la harina y la canela por encima. Añada la almendra molida y la crema de chocolate, y remueva hasta que esté todo homogéneo. Pase la pasta al molde preparado y hornee el bizcocho 35 minutos, o hasta que al insertar un pincho de cocina en el centro, salga limpio. Déjelo enfriar ligeramente antes de pasarlo a una fuente.

3 Mientras tanto, prepare el almíbar. Ponga el café, el azúcar y la rama de canela en un cazo de base gruesa y caliéntelo a fuego lento, removiendo, hasta que el azúcar se haya disuelto. A fuego más fuerte, déjelo hervir 5 minutos o hasta que se haya reducido y espesado un poco. Manténgalo caliente. Pinche la superficie del pastel con un pincho de cocina y rocíela con la mitad del almíbar de café. Decore el pastel con unos granos de café recubiertos de chocolate y sírvalo, cortado en porciones triangulares, con el resto del almíbar.

tarta sacher

para 8-10 personas **prep.: 25 min + 2 h de reposo** **cocción: 1 h 10 min-1 h 25 min**

La tarta Sacher es una famosísima especialidad vienesa con un glaseado característico. El pastel perfecto para una ocasión muy especial.

INGREDIENTES

115 g de mantequilla sin sal ablandada, y un poco más para engrasar
175 de chocolate negro troceado
3 cucharadas de café exprés
140 g de azúcar lustre
5 huevos, con las yemas separadas de las claras
140 g de harina tamizada
4 cucharadas de mermelada de albaricoque
un chorrito de zumo de limón
1 cucharada de agua

GLASEADO

85 g de azúcar lustre
4 cucharadas de agua
100 g de chocolate negro troceado

variación

Si prepara este pastel para una ocasión especial, sírvalo con fruta fresca. Si no encuentra mermelada de albaricoque, póngala de frambuesa.

sugerencia

El glaseado tradicional de este pastel puede ser un poco difícil de preparar. Un sistema más fácil es derretir 175 g de chocolate con 2 cucharadas de nata líquida, extenderlo sobre el pastel y dejar que cuaje.

2

3

3

1 Precaliente el horno a 160 °C. Engrase y forre un molde para pastel redondo de 23 cm. Caliente el chocolate en un cazo, con el café, hasta que se funda, remueva y déjelo enfriar. En un bol, bata la mantequilla con 85 g de azúcar hasta que esté esponjosa. Añada el chocolate y las yemas de huevo. Agregue la harina. En un bol aparte, monte las claras a punto de nieve. Añada el resto del azúcar y bata. Incorpórelo a la crema anterior. Pase la pasta al molde y cueza el bizcocho 1-1¼ horas. Déjelo 5 minutos en el molde y luego sáquelo para que se enfríe.

2 Corte el pastel por la mitad y rellénelo con la mitad de la mermelada. En un cazo, caliente el resto con el zumo de limón y el agua, hasta que se derrita. Cuélela en un bol, y pinte el pastel.

3 Para la cobertura, ponga a hervir el azúcar con el agua y remueva hasta que se disuelva. Retírelo del fuego, añada el chocolate y remueva bien. Vuelva a dejarlo al fuego y deje que hierva a 116 °C (mida la temperatura con un termómetro para azúcar). Retírelo del fuego, remueva hasta que deje de burbujear y viértalo con rapidez, excepto 2 cucharadas, sobre el pastel. Alise los lados pero no toque la superficie. Cuando la cobertura empiece a cuajar, caliente las 2 cucharadas reservadas y escriba «Sacher» dejando resbalar el líquido por la punta de un cuchillo.

Sacher

tronco de navidad

cocción: 16-18 min | **prep.: 35 min + 30 min de enfriamiento** | **para 8 personas**

El tronco de chocolate se prepara en ciertos países en Navidad, y queda muy vistoso en una mesa con la decoración tradicional de esa época.

variación

Sustituya el Cointreau por brandy o, si no quiere poner alcohol, por zumo de naranja.

sugerencia

Para enrollar el brazo de gitano, moje un paño de cocina con agua muy caliente y escúrralo bien. Extiéndalo, ponga encima papel vegetal, eche azúcar glas, ponga el bizcocho, retire el papel del forro y enrolle a lo ancho.

INGREDIENTES

mantequilla, para engrasar
3 huevos
115 g de azúcar lustre
55 g de harina
25 g de cacao en polvo, y un poco más para espolvorear
canutillo de chocolate (*véase* pág. 10)
55 g de chocolate blanco fundido (*véase* págs. 9-10)
azúcar glas, para espolvorear

ALMÍBAR

55 g de azúcar lustre
150 ml de agua
4 cucharadas de Cointreau

COBERTURA

55 g de mantequilla ablandada
115 g de azúcar glas tamizado
la ralladura de 1 naranja
1 cucharada de Cointreau

CREMA DE MANTEQUILLA

1 cucharada de cacao en polvo
1 cucharada de agua hirviendo
85 g de mantequilla
175 g de azúcar glas tamizado

1 Precaliente el horno a 200 °C. Engrase y forre un molde de 20 x 30 cm. Bata los huevos con el azúcar hasta que estén espesos. Tamice la harina y el cacao en un bol e incorpórelos a la pasta. Extiéndala en el molde y hornee el bizcocho 8-10 minutos o hasta que esté esponjoso. Enrolle el tronco (*véase* Sugerencia) y déjelo enfriar.

2 Para hacer el almíbar, caliente el azúcar con el agua en un cazo hasta que se disuelva. Hiérvalo 2 minutos. Agregue el Cointreau y déjelo enfriar. Desenrolle el bizcocho y retire el papel. Rocíe con el almíbar. Para la cobertura, bata la mantequilla hasta que esté cremosa, y vaya añadiendo el resto de los ingredientes, batiendo, hasta que la crema esté suave. Extiéndala sobre el bizcocho y enrolle el tronco.

3 Para la crema de mantequilla, ponga el cacao en un bol resistente al calor y agregue el agua. Déjelo enfriar. Bata la mantequilla en un bol aparte hasta que esté cremosa. Incorpore poco a poco el azúcar glas y el cacao, hasta que esté suave. Corte un cuarto del brazo de gitano en diagonal y únalo a un lado del tronco con la crema de mantequilla. Recubra el tronco con la crema y trace unas líneas a modo de corteza. Cúbralo con canutillo de chocolate. Con la manga pastelera, dibuje unas espirales de chocolate blanco en los extremos. Espolvoree el tronco con cacao en polvo y azúcar glas, y sírvalo.

pastel alemán de chocolate y avellana

para 8 personas **prep.: 10 min + 30 min de enfriamiento** **cocción: 45-50 min**

Este clásico pastel alemán sienta de maravilla como merienda, con una taza de café o de chocolate caliente.

INGREDIENTES

175 g de mantequilla sin sal ablandada, y un poco más para engrasar
175 g de azúcar mascabado moreno
115 g de harina de fuerza, y un poco más para espolvorear
1 cucharada de cacao en polvo
1 cucharadita de mezcla de especias
3 huevos batidos
115 g de avellanas molidas
2 cucharadas de café exprés
azúcar glas, para espolvorear

sugerencia

El *kugelhopf* es un molde especial en forma de corona acanalada que puede encontrar en tiendas especializadas. Si no dispone de uno, utilice un molde en forma de corona de 23 cm.

1 Precaliente el horno a 180 °C. Engrase y enharine un molde *kugelhopf* de 19 cm. Ponga la mantequilla con el azúcar mascabado en un cuenco grande y bata hasta que esté suave y esponjosa. Tamice la harina, el cacao y las especias en un bol aparte.

2 Incorpore el huevo a la crema, poco a poco, intercalando unas cucharadas de la mezcla de harina, cacao y especias. Incorpore el resto de la harina, las avellanas y el café.

3 Pase la pasta al molde y hornee el pastel 45-50 minutos o hasta que lo note esponjoso al tacto al presionarlo ligeramente. Déjelo 10 minutos en el molde y después vuélquelo sobre una rejilla metálica y deje que termine de enfriarse. Espolvoréelo generosamente con azúcar glas antes de llevarlo a la mesa.

corona de chocolate y naranja

cocción: 40 min **prep.: 25 min + 30 min de enfriamiento** **para 8-10 personas**

La naranja fresca aporta a este pastel un agradable sabor a fruta y una textura melosa. Un serio candidato a favorito de la familia.

sugerencia

No hace falta ser un experto para glasear un pastel de esta forma. Cuanto más espontáneo parezca, ¡mejor! Deje caer la cobertura por encima y después rocíe con chocolate.

INGREDIENTES

175 g de mantequilla ablandada, y un poco más para engrasar
2 naranjas pequeñas
85 g de chocolate negro
200 g de harina de fuerza
1½ cucharaditas de levadura en polvo
175 g de azúcar lustre
3 huevos batidos

GLASEADO

225 g de azúcar glas
2 cucharadas de zumo de naranja
55 g de chocolate negro troceado

1 

2 

3 

1 Precaliente el horno a 160 °C. Engrase bien un molde para pastel en forma de corona, liso o acanalado, de 850 ml de capacidad. Ralle la piel de 1 naranja y resérvela. De la piel de la otra naranja, raspe unas tiras muy finas; resérvelas. Retire la piel blanca de las naranjas y extraiga los gajos con un cuchillo afilado. Píquelos en trocitos y reserve todo el jugo que pueda. Ralle el chocolate sobre un plato.

2 Tamice la harina y la levadura en un cuenco grande. Incorpore la mantequilla, el azúcar, el huevo, la ralladura de naranja y el jugo reservado. Bata hasta que esté suave. Poco a poco, vaya añadiendo los trocitos de naranja y el chocolate rallado. Pase la pasta al molde y hornee la corona 40 minutos o hasta que haya subido y esté dorada. Déjela en el molde 5 minutos y después vuélquela sobre una rejilla metálica para que se enfríe.

3 Para el glaseado, tamice el azúcar glas en un bol y agregue zumo de naranja hasta obtener una consistencia espesa, pero fluida. Vaya dejando caer cucharadas de glaseado sobre el pastel. Derrita el chocolate (*véase* págs. 9-10) y rocíe el pastel. Esparza las tiras de piel de naranja reservadas por la superficie y deje que el glaseado cuaje antes de servir la corona.

pastel bicolor de chocolate y vainilla

para 10 personas **prep.: 25 min + 30 min de enfriamiento** **cocción: 1 h-1 h 10 min**

No se deje intimidar por el impresionante aspecto de este pastel, porque es muy fácil de hacer. Deslice un pincho de cocina entre las dos mezclas para crear un vistoso efecto de mármol.

INGREDIENTES

225 g de mantequilla ablandada, y un poco más para engrasar
55 g de chocolate negro troceado
1 cucharada de café exprés bien cargado
225 g de harina de fuerza
1 cucharadita de levadura en polvo
225 g de azúcar lustre
4 huevos batidos
55 g de almendras molidas
2 cucharadas de leche
1 cucharadita de esencia de vainilla

COBERTURA

125 g de chocolate negro troceado
25 g de mantequilla
2 cucharadas de agua

variación

Si no dispone de molde en forma de corona, use uno redondo y hondo de 23 cm. Sustituya la cobertura por una salsa de caramelo (*véase* pág. 117).

sugerencia

Si prefiere un pastel más sencillo, prescinda de la cobertura de chocolate y simplemente espolvoréelo con azúcar glas antes de servirlo.

1

2

3

1 Precaliente el horno a 180 °C. Engrase un molde en forma de corona de 1,7 litros de capacidad. Ponga el chocolate y el café en un cuenco resistente al calor y encájelo en un cazo con agua hirviendo a fuego lento. Déjelo hasta que el chocolate se haya fundido. Remueva hasta que esté suave y déjelo enfriar. Tamice la harina y la levadura en polvo en un bol aparte. Añada la mantequilla, el azúcar, el huevo, la almendra y la leche. Bata hasta obtener una pasta homogénea.

2 Pase la mitad de la mezcla a un bol y agregue la esencia de vainilla. Añada el chocolate fundido a la otra mitad. Vaya alternando cucharadas de las dos mezclas en el molde, y después deslice un pincho de cocina para crear el aspecto de vetas de mármol. Alise la superficie y cueza la corona durante 50-60 minutos o hasta que al insertar un pincho en el centro, salga limpio. Deje el pastel en el molde 5 minutos y después vuélquelo sobre una rejilla metálica para que se enfríe del todo.

3 Para la cobertura, ponga el chocolate, la mantequilla y el agua en un cuenco resistente al calor y encájelo en un cazo con agua hirviendo a fuego suave hasta que se hayan fundido. Remueva hasta que esté suave y recubra el pastel por todas partes, trabajando con rapidez. Espere a que cuaje antes de servir la corona.

pastel borracho de chocolate

cocción: 40-45 min **prep.: 15 min + 30 min de enfriamiento** **para 8-10 personas**

Este denso y sustancioso pastel no contiene harina, y se hundirá y resquebrajará ligeramente cuando lo saque del horno.

variación

Sírvalo como postre con helado de vainilla o fruta fresca, por ejemplo, fresas y rodajas de melocotón.

sugerencia

Este pastel es muy delicado, y conviene dejarlo enfriar como mínimo 10 minutos en la nevera antes de servirlo. Si sobra, envuélvalo en papel de aluminio y guárdelo en la nevera.

INGREDIENTES

115 g de mantequilla en dados, y un poco más para engrasar
harina, para espolvorear
140 g de chocolate negro troceado
2 cucharadas de brandy
85 g de azúcar lustre
6 huevos, con las yemas separadas de las claras
140 g de almendras molidas
425 ml de nata montada, para adornar
canela molida, para espolvorear

1

2

3

1 Precaliente el horno a 160 °C. Engrase un molde desmontable para pastel de 23 cm de diámetro y forre la base con papel vegetal. Espolvoree los lados con harina. Ponga el chocolate y el brandy en un bol resistente al calor y encájelo en un cazo con agua hirviendo a fuego lento. Déjelo hasta que el chocolate se haya fundido. Remueva hasta que esté suave y déjelo enfriar ligeramente.

2 Ponga la mantequilla en un bol aparte, añada el azúcar, y bata hasta obtener una crema ligera y esponjosa. Agregue las yemas de huevo de una en una, batiendo bien tras cada adición, y después incorpore el chocolate fundido. Añada la almendra molida y remueva. En un cuenco bien limpio y sin rastro de grasa, bata las claras a punto de nieve medio. Añada 2 cucharadas de clara a la pasta de chocolate, y después, poco a poco, el resto.

3 Pase la mezcla al molde preparado y cueza el pastel durante 35-40 minutos o hasta que haya subido y esté firme al tacto. Deje que se enfríe por completo en el molde. Cuando esté frío, sáquelo del molde, retire el papel y páselo a una fuente. Decórelo con nata montada y un poquito de canela molida. Sírvalo cortado en porciones.

merengue de moca y nueces

para 8 personas **prep.: 25 min + 1 h de enfriamiento** **cocción: 1 h 35 min**

El delicioso y crujiente merengue con nueces contrasta con el cremoso relleno al brandy: perfecto para cualquier ocasión.

INGREDIENTES

4 claras de huevo
225 g de azúcar lustre
115 g de nueces peladas y picadas

RELLENO

175 g de chocolate negro troceado
40 g de mantequilla sin sal
2 cucharadas de café exprés bien cargado
2 cucharadas de brandy
175 ml de nata para montar
azúcar glas, para espolvorear

variación

En lugar de nueces puede emplear avellanas tostadas y troceadas o almendras molidas.

sugerencia

Las bandejas para el horno se forran con papel vegetal para que sea más fácil retirar los merengues una vez fríos. Hágalo con una espátula metálica larga y de punta redondeada.

1 Precaliente el horno a 140 °C. Forre 2 bandejas para el horno con papel vegetal. Para hacer el merengue, ponga las claras de huevo en un cuenco grande, limpio y sin grasa alguna, y bátalas a punto de nieve medio. Incorpore la mitad del azúcar. Mezcle las nueces con el resto del azúcar. Añádalo al merengue.

2 Extienda un redondel de merengue de 20 cm de diámetro en cada bandeja. Cuézalos en el horno precalentado durante 1½ horas o hasta que estén totalmente secos. Apague el horno y no los saque hasta que estén fríos.

3 Para el relleno, ponga el chocolate en un bol resistente al calor con la mantequilla, el café y el brandy. Encaje el bol en un cazo con agua hirviendo a fuego lento y déjelo hasta que se funda. Bata ligeramente la nata en un cuenco aparte, y después incorpórela a la pasta de chocolate. Junte los redondeles de merengue con la crema de chocolate. Espolvoree la superficie del pastel con azúcar glas.

plum-cake de plátano y chocolate

para 8 personas **prep.: 10 min** **cocción: 50-60 min**

Este pastel es ideal para aprovechar esos plátanos demasiado maduros del frutero. Delicioso rebanado y untado con mantequilla.

INGREDIENTES

115 g de mantequilla ablandada, y un poco más para engrasar
2 plátanos maduros
85 g de azúcar lustre
2 huevos
200 g de harina de fuerza
25 g de cacao en polvo
1 cucharadita de levadura en polvo
1-2 cucharadas de leche
100 g de gotas de chocolate negro
mantequilla, para servir (opcional)

variación

Al final del paso 2, añada 55 g de nueces picadas o la misma cantidad de dátiles picados a la pasta.

sugerencia

Para que la preparación sea un poco más fácil y rápida, puede mezclar los ingredientes en un robot de cocina y añadir después las gotas de chocolate.

1 Precaliente el horno a 180 °C. Engrase y forre un molde para *plum-cake* de 1 litro de capacidad. Pele los plátanos y cháfelos con un tenedor en un cuenco grande.

2 Añada la mantequilla, el azúcar y los huevos, y después tamice la harina, el cacao y la levadura por encima. Bata con energía hasta que la pasta esté suave, y añada leche hasta obtener una consistencia fluida pero bien espesa. Incorpore las gotas de chocolate.

3 Pase la pasta al molde preparado y cueza el *plum-cake* 50-60 minutos o hasta que haya subido y un pincho de cocina salga limpio al insertarlo en el centro. Déjelo 5 minutos en el molde y después sáquelo y póngalo sobre una rejilla metálica para que termine de enfriarse. Sírvalo en rebanadas, con o sin mantequilla.

cassata siciliana

cocción: 30-40 min | **prep.: 25 min + 9 h de enfriamiento/nevera** | **para 8 personas**

Este suculento pastel con relleno de ricota, fruta confitada, frutos secos y chocolate es una especialidad de Sicilia.

variación

Si no encuentra vino de Marsala, utilice jerez seco. El brandy también quedaría bien en este caso.

sugerencia

A ser posible, compre la piel confitada en trozos y píquela en casa en lugar de comprarla picada. Guarde el pastel en la nevera.

INGREDIENTES

175 g de mantequilla ablandada, y un poco más para engrasar
150 g de harina de fuerza
2 cucharadas de cacao en polvo
1 cucharadita de levadura en polvo
175 g de azúcar lustre
3 huevos
azúcar glas, para espolvorear
virutas de chocolate (*véase* pág. 10), para adornar

RELLENO

450 g de queso ricota
100 g de chocolate negro rallado
115 g de azúcar lustre
3 cucharadas de vino de Marsala
55 g de piel de cítricos confitada
25 g de almendras picadas

1 Precaliente el horno a 190 °C. Engrase y forre la base de un molde redondo para pastel de 18 cm. Tamice la harina, el cacao y la levadura sobre un cuenco grande. Añada la mantequilla, el azúcar y los huevos, y bata hasta obtener una pasta suave y cremosa. Viértala en el molde y cueza el bizcocho 30-40 minutos o hasta que haya subido y esté firme al tacto. Déjelo 5 minutos en el molde y después sáquelo y déjelo sobre una rejilla metálica para que termine de enfriarse.

2 Limpie y seque el molde, y vuelva a engrasarlo y forrarlo. Para hacer el relleno, presione la ricota a través de un colador, sobre un cuenco. Añada el chocolate rallado, el azúcar y el vino de Marsala, y bata bien hasta que la pasta esté ligera y esponjosa. Agregue la piel de cítricos y la almendra.

3 Recorte una capa fina de la corteza del pastel y retírela. Rebánelo en 3 capas. Ponga la primera en el molde preparado y cúbrala con la mitad de la pasta de queso. Repita con otra capa y coloque el último trozo de pastel. Presione ligeramente, cúbralo con un plato y un peso, y déjelo enfriar en la nevera 8 horas o toda la noche. Para servirlo, vuelque el pastel sobre una fuente. Espolvoréelo con azúcar glas y decórelo con las virutas de chocolate.

tarta de chocolate y limón

para 8-10 personas **prep.: 20 min + 30 min en la nevera** **cocción: 1 h 15 min**

La crujiente base de chocolate es el mejor complemento para el cremoso relleno de limón. El final ideal para una cena con invitados.

INGREDIENTES

100 g de harina
25 g de cacao en polvo
75 g de mantequilla
25 g de almendras molidas
50 g de azúcar lustre
1 huevo batido
virutas de chocolate (*véase* pág. 10), para adornar

RELLENO

4 huevos
1 yema de huevo
200 g de azúcar lustre
150 ml de nata espesa
la ralladura y el zumo de 2 limones

variación

Si prefiere una tarta con sabor a naranja, sustituya la ralladura y el zumo de 2 limones por lo mismo de 2 naranjas.

sugerencia

Los limones se suelen abrillantar con una capa de cera para comercializarlos, y pueden tener restos de insecticidas. Siempre que vaya a usar la ralladura, intente comprar limones biológicos.

1 Tamice la harina y el cacao sobre el recipiente de un robot de cocina. Añada la mantequilla, la almendra, el azúcar y el huevo, y bata hasta que la masa forme una pelota. Amase con las manos, forme una bola y aplástela. Póngala en el centro de un molde acanalado para tartas de 22 cm de diámetro, y presione con los dedos para extenderla. Llévela hacia los bordes empujando con los pulgares. Cúbrala y déjela 30 minutos en la nevera.

2 Precaliente el horno a 200 °C. Pinche la base con un tenedor, fórrela con papel vegetal y rellénela con pesos de cocina. Cuézala 12-15 minutos o hasta que no tenga aspecto de estar cruda. Retire los pesos y el papel, vuelva a introducirla en el horno y cuézala 10 minutos más o hasta que esté hecha. Déjela enfriar. Baje la temperatura del horno a 150 °C.

3 Para preparar el relleno, bata los huevos enteros con la yema y el azúcar hasta obtener una pasta lisa. Incorpore la nata y vuelva a batir. A continuación, agregue la ralladura y el zumo de limón. Vierta el relleno sobre la base de la tarta y cuézala durante 50 minutos o hasta que haya cuajado. Cuando retire la tarta del horno, sáquela del molde y déjela enfriar. Decórela con virutas de chocolate antes de servirla.

tarta de chocolate y caramelo

cocción: 1 h 15 min

prep.: 15 min + 30 min de enfriamiento

para 6-8 personas

Esta suculenta tarta al caramelo seguro que se convierte en una de sus favoritas, y es fácil y rápida de hacer. Sírvala con nata montada.

variación

Para un capricho, sustituya la masa preparada por la masa para pastel de chocolate especial (*véase* pág. 13).

sugerencia

La mejor manera de pasar la pasta trabajada al molde es enrollarla con cuidado alrededor de un rodillo enharinado, levantarlo y depositarla suavemente en el molde.

INGREDIENTES

harina, para espolvorear

350 g de pasta quebrada preparada

azúcar glas, para espolvorear

RELLENO

140 g de chocolate negro picado fino

175 g de mantequilla en dados

350 g de azúcar granulado rubio

100 g de harina

½ cucharadita de esencia de vainilla

6 huevos batidos

PARA ADORNAR

150 ml de nata montada

canela molida

1 Precaliente el horno a 200 °C. Extienda la pasta con el rodillo sobre una superficie enharinada y forre con ella un molde para tarta desmontable y acanalado de 20 cm de diámetro. Pinche la base con un tenedor, fórrela con papel de aluminio y ponga unos pesos de cocina encima. Hornéela 12-15 minutos o hasta que no tenga aspecto de estar cruda. Retire los pesos y el papel de aluminio, y cuézala 10 minutos más, o hasta que esté hecha. Déjela enfriar. Baje la temperatura del horno a 180 °C.

2 Para hacer el relleno, ponga el chocolate y la mantequilla en un bol resistente al calor y encájelo en un cazo con agua hirviendo a fuego lento. Déjelo hasta que se haya fundido. Remueva hasta que esté bien suave, retírelo del fuego y déjelo enfriar. Ponga el azúcar, la harina, la esencia de vainilla y el huevo en un cuenco aparte, y bata hasta que obtener una pasta homogénea. Incorpore la crema de chocolate y mantequilla.

3 Vierta el relleno sobre la base de pasta y hornee la tarta 50 minutos o hasta que el relleno haya cuajado. Pásela a una rejilla metálica para que se enfríe del todo. Espolvoréela con azúcar glas y sírvala, con un poco de nata montada con canela por encima.

bollería

Las tartas y pasteles de gran tamaño resultan espectaculares, pero también los atractivos bollos y delicados pastelitos resultan muy sugestivos. Esta selección de tentadoras recetas incluye ligeros y caprichosos dulces para acompañar un té o un café a media tarde, como los Merengues de chocolate y jengibre (véase *pág. 128) o los* Éclairs *de frambuesa y chocolate* (véase *pág. 122), mientras que para cualquier hora del día y para toda la familia no puede fallar con unas Magdalenas* (véase *pág. 130), a escoger entre las de chocolate blanco y negro, o unos* Brownies *con chocolate, con o sin la salsa de caramelo* (véase *pág. 117), que son fáciles de hacer y seguro que desaparecen al instante.*

¿Por qué no empezar el día con un capricho en forma de Pains au chocolat *(*véase *pág. 127), recién hechos y calentitos, unas Tortitas de pacanas y chocolate* (véase *pág. 123) o unas magdalenas con doble chocolate* (véase *pág. 118), perfectas para un desayuno de fin de semana? Muchos de estos pastelitos y bollos también quedan estupendos como postre, fríos o calientes. Y termine la cena y el día con elegancia con unas Tartaletas de chocolate blanco* (véase *pág. 121) o unos Rollitos de pistacho y chocolate* (véase *pág. 124) servidos con café recién hecho o una infusión.*

brownies de moca con cobertura de crema

Para 9 *brownies* grandes o 18 pequeños

prep.: 20 min + 30 min de enfriamiento

cocción: 30 min

El toque de café y la crema agria de la cobertura dan a estos brownies *un sabor más sofisticado.*

INGREDIENTES

55 g de mantequilla, y un poco más para engrasar
115 g de chocolate negro troceado
175 g de azúcar mascabado oscuro
2 huevos
2 cucharadas de café exprés, frío
85 g de harina
½ cucharadita de levadura en polvo
una pizca de sal
55 g de nueces peladas y picadas

COBERTURA

115 g de chocolate negro troceado
150 g de crema agria

variación

Puede preparar estos *brownies* sin la cobertura y servirlos calientes con helado de vainilla o nata montada.

sugerencia

No deje que los *brownies* cuajen en la nevera; déjelos en el molde en un lugar fresco. Podrá guardar los que no lleven cobertura en un recipiente hermético hasta 3 días.

1 Precaliente el horno a 180 °C. Engrase con mantequilla un molde cuadrado de 20 cm y fórrelo con papel de hornear. Ponga el chocolate y la mantequilla en un bol pequeño resistente al calor y encájelo en un cazo con agua hirviendo a fuego lento. Cuando se haya derretido, remueva hasta que esté suave. Deje que se enfríe.

2 Bata los huevos con el azúcar hasta que estén espesos y tengan un color pálido. Agregue la pasta de chocolate y el café. Mezcle bien. Tamice la harina, la levadura y la sal por encima, y remueva. Incorpore las nueces. Vierta la pasta en el molde y hornee el pastel 20-25 minutos o hasta que haya cuajado. Déjelo enfriar en el molde.

3 Para la cobertura, derrita el chocolate (*véase* págs. 9-10). Agregue la crema agria y bata hasta obtener una pasta homogénea. Extienda la cobertura sobre el pastel y dibuje unos remolinos con una espátula. Déjelo enfriar en un lugar fresco. Córtelo en cuadrados, retire los *brownies* del molde y sírvalos.

brownies con chocolate y salsa de caramelo

cocción: 55-60 min

prep.: 25 min

Para 9 *brownies* grandes o 18 pequeños

El chocolate, el cacao y las gotas de chocolate blanco convierten estos brownies *en el sueño de un amante del chocolate. Y con la salsa de caramelo y chocolate, todos quedarán asombrados.*

variación

Puede dejar enfriar del todo los *brownies* y servirlos como pastelitos, sin la salsa de caramelo.

sugerencia

Para que la salsa de caramelo sea más sabrosa, sustituya el azúcar lustre por la misma cantidad de azúcar mascabado oscuro.

INGREDIENTES

115 g de mantequilla, y un poco más para engrasar

115 g de chocolate negro troceado

300 g de azúcar lustre

una pizca de sal

1 cucharadita de esencia de vainilla

2 huevos grandes

115 g de harina

2 cucharadas de cacao en polvo

100 g de gotas de chocolate blanco

SALSA DE CARAMELO

55 g de mantequilla

225 g de azúcar lustre

150 ml de leche

250 ml de nata espesa

150 ml de sirope dorado

200 g de chocolate negro troceado

1 Precaliente el horno a 180 °C. Engrase y forre la base de un molde para pastel cuadrado de 18 cm. Ponga la mantequilla y el chocolate en un bol resistente al calor y colóquelo sobre un cazo con agua hirviendo a fuego lento. Cuando se haya derretido, remueva hasta que esté suave. Déjelo enfriar un poco y después incorpore el azúcar, la sal y la esencia de vainilla. Añada los huevos de uno en uno, removiendo bien tras cada adición, hasta que la pasta esté homogénea.

2 Tamice la harina y el cacao sobre la pasta, y bata hasta que esté suave. Añada las gotas de chocolate y vierta la pasta en el molde. Hornee el pastel 35-40 minutos o hasta que la superficie tenga un color uniforme y al insertar un pincho de cocina en el centro salga prácticamente limpio. Deje que se entibie.

3 Para hacer la salsa, ponga la mantequilla, el azúcar, la leche, la nata y el sirope en un cazo, y caliéntelo a fuego lento hasta que el azúcar se haya disuelto. Llévelo a ebullición y remueva durante 10 minutos o hasta que tenga color de caramelo. Retírelo del fuego y añada el chocolate. Remueva hasta que esté suave. Corte el pastel en cuadrados y sirva los *brownies* con la salsa.

magdalenas con doble chocolate

para 12 unidades **prep.: 15 min** **cocción: 20 min**

Las magdalenas son muy fáciles de hacer: todos los ingredientes se mezclan a la vez, y después la pasta se hornea en capacillos de papel.

INGREDIENTES

200 g de harina

25 g de cacao en polvo, y un poco más para espolvorear

1 cucharada de levadura en polvo

1 cucharadita de canela molida

115 g de azúcar lustre

185 g de chocolate blanco troceado

2 huevos

100 ml de aceite de girasol

225 ml de leche

variación

Si lo prefiere, extienda sobre las magdalenas chocolate negro o con leche en lugar de blanco, y espolvoréelas con canela molida.

sugerencia

No remueva en exceso la pasta porque las magdalenas quedarían duras. Debe tener un aspecto bastante grumoso.

1 Precaliente el horno a 200 °C. Ponga en un molde para 12 magdalenas capacillos dobles de papel. Tamice la harina, el cacao, la levadura y la canela sobre un cuenco. Añada el azúcar y 125 g de chocolate blanco.

2 Ponga los huevos con el aceite en un bol aparte y bátalos hasta que estén espumosos. Agregue la leche poco a poco. Viértalo sobre los ingredientes secos y remueva. Reparta la pasta entre los capacillos de papel, llenándolos hasta ¾ partes de su capacidad. Cueza las magdalenas en el horno precalentado, 20 minutos o hasta que hayan subido y estén esponjosas al tacto. Déjelas enfriar 2 minutos, retírelas del molde y déjelas enfriar en sus capacillos sobre una rejilla metálica.

3 Derrita el resto del chocolate blanco (*véase* págs. 9-10) y extiéndalo sobre las magdalenas. Deje que cuaje, espolvoree con un poquito de cacao en polvo y sírvalas.

magdalenas con caramelo y frutos secos

cocción: 20-25 min

prep: 10 min + 30 min de enfriamiento

para 12 unidades

Los blandos trozos de caramelo aportan a estas magdalenas una agradable textura y contrastan con los crujientes frutos secos.

variación

Para que estas magdalenas sepan aún más a chocolate, sustituya el caramelo de vainilla por caramelo de chocolate negro o con leche, si lo prefiere.

INGREDIENTES

250 g de harina

4 cucharaditas de levadura en polvo

85 g azúcar lustre

6 cucharadas de crema de cacahuete crujiente

1 huevo batido

60 g de mantequilla derretida

175 ml de leche

150 ml de caramelo de vainilla, cortado en trocitos

3 cucharadas de cacahuetes sin sal, picados gruesos

1 Precaliente el horno a 200 °C. Ponga en un molde para 12 magdalenas capacillos dobles de papel. Tamice la harina y la levadura en un cuenco. Añada el azúcar y, a continuación, la crema de cacahuete. Trabájelo hasta obtener una consistencia de pan rallado.

2 Ponga el huevo, la mantequilla y la leche en un bol aparte, y remueva. Viértalo sobre los ingredientes secos y mezcle bien. Añada los trocitos de caramelo, con cuidado. Con una cuchara, reparta la pasta entre los capacillos.

3 Esparza por encima los cacahuetes picados y cueza las magdalenas en el horno durante 20-25 minutos o hasta que hayan subido y estén firmes al tacto. Déjelas enfriar 2 minutos y después sáquelas del molde y déjelas sobre una rejilla metálica para que se enfríen del todo antes de servirlas.

tartaletas de chocolate blanco

cocción: 20 min **prep.: 40 min + 1 h 35 min en la nevera** **para 12 unidades**

Estas bonitas tartaletas son perfectas para servirlas después de la cena, pero también como un delicioso capricho para la merienda.

variación

Utilice masa básica para pastel de chocolate (*véase* pág. 13). También podría sustituir el chocolate blanco del relleno por chocolate negro.

sugerencia

Cuando compre vainas de vainilla, escójalas brillantes, flexibles y pegajosas. Las semillas tienen un sabor intenso. Guarde una vaina en un bote de azúcar lustre para aromatizarlo.

INGREDIENTES

225 g de harina, y un poco más para espolvorear
25 g de azúcar lustre
150 g de mantequilla fría de la nevera, en dados
2 yemas de huevo
2 cucharadas de agua fría
virutas de chocolate (*véase* pág. 10), para adornar
cacao en polvo, para espolvorear

RELLENO

1 vaina de vainilla
400 ml de nata espesa
350 g de chocolate blanco troceado

1 Ponga la harina y el azúcar en un cuenco. Añada la mantequilla y trabájelo hasta obtener una consistencia de pan rallado. Bata las yemas con el agua en un bol aparte, viértalo sobre los ingredientes secos y remueva para formar una pasta. Amásela 1 minuto o hasta que esté suave. Envuélvala en plástico de cocina y déjela 20 minutos en la nevera.

2 Precaliente el horno a 200 °C. Extienda la pasta con el rodillo y forre con ella 12 moldes para tartaletas. Pinche las bases y guárdelas en la nevera 15 minutos. Forre las bases con papel de aluminio y ponga unos pesos de cocina encima. Hornee 10 minutos, retire los pesos y el papel de aluminio, y cuézalas 5 minutos más. Espere a que se enfríen.

3 Para hacer el relleno, abra la vaina de vainilla por la mitad a lo largo y raspe las semillas con un cuchillo. Póngalas en un cazo con la nata, y caliéntela hasta que casi rompa a hervir. Ponga el chocolate en un bol resistente al calor y vierta por encima la nata caliente. Remueva hasta obtener una pasta lisa. Bátala con unas varillas eléctricas hasta que se haya espesado y se desprenda un hilo al levantar las varillas. Déjela enfriar 30 minutos en la nevera, y después bátala hasta que se formen picos suaves. Reparta el relleno entre las bases de las tartaletas y déjelas 30 minutos en la nevera. Decórelas con virutas de chocolate y espolvoréelas con cacao en polvo.

éclairs de frambuesa y chocolate

para 20-24 unidades **prep.: 30 min + 15 min de enfriamiento** **cocción: 40 min**

Estos pequeños éclairs *son perfectos para servirlos en una merienda estival. Quedan muy atractivos colocados en una decorativa fuente.*

INGREDIENTES

55 g de mantequilla

150 ml de agua

70 g de harina tamizada

2 huevos batidos

RELLENO Y COBERTURA

175 ml de nata espesa

1 cucharada de azúcar glas

175 g de frambuesas frescas

85 g de chocolate negro troceado

variación

En lugar de depositar la pasta sobre las bandejas con la manga pastelera, ponga porciones con una cuchara.

sugerencia

Puede preparar la pasta unos días antes, congelarla, y después hornearla directamente del congelador, 5 minutos más de lo que indica la receta.

1 Precaliente el horno a 220 °C. Para la pasta, ponga la mantequilla y el agua en un cazo de base gruesa y llévelo a ebullición a fuego lento. Incorpore la harina de una sola vez y bata bien hasta que la pasta se desprenda de la pared del cazo. Deje que se enfríe un poco y después vaya batiendo mientras incorpora el huevo, poco a poco.

2 Ponga la pasta en una manga pastelera equipada con una boquilla de 1 cm, y vaya depositando 20-24 tiras de unos 7 cm sobre unas bandejas para el horno humedecidas. Cuézalas en el horno 10 minutos, baje la temperatura a 190 °C, y déjelas 20 minutos más o hasta que estén crujientes y doradas. Haga una incisión lateral en cada *éclair* para que salga el vapor, y páselos a una rejilla metálica para que se enfríen del todo.

3 Para preparar el relleno, bata la nata con el azúcar glas en un cuenco hasta que esté espesa. Vaya rellenando los *éclairs*. Ponga unas cuantas frambuesas en cada uno. Para la cobertura, derrita el chocolate (*véase* págs. 9-10) y vierta un chorrito sobre cada *éclair*. Espere a que se endurezca, y después pase los pastelitos a una fuente y sírvalos.

tortitas de pacanas y chocolate

cocción: 20 min **prep.: 10 min** **para 12-16 unidades**

Las tortitas al estilo estadounidense, repletas de frutos secos y chocolate, resultan oportunas a cualquier hora del día.

variación

Sirva las tortitas calientes apiladas, con un generoso chorro de sirope de arce y una cucharada de helado de vainilla por encima.

INGREDIENTES

225 g de harina de fuerza
1 cucharadita de levadura en polvo
una pizca de sal
1 huevo
300 ml de leche
15 g de mantequilla derretida
½ cucharadita de esencia de vainilla
25 g de azúcar lustre
55 g de gotas de chocolate negro
55 g de pacanas peladas y picadas
aceite de girasol, para freír
mantequilla, para servir (opcional)

1 Tamice la harina, la levadura y la sal sobre un cuenco grande, y haga un hoyo en el centro. Mezcle la leche y el huevo en un bol pequeño, y viértalo sobre los ingredientes secos, batiendo con unas varillas hasta conseguir una pasta espesa y suave.

2 Agregue la mantequilla fundida y la esencia de vainilla, y después el azúcar lustre, las gotas de chocolate y las pacanas. Caliente una cucharadita de aceite de girasol en una sartén grande o parrilla plana. Deje caer cucharadas grandes de pasta sobre la parrilla caliente para hacer tortitas de unos 7,5 cm de diámetro. Cuézalas a fuego medio 3 minutos o hasta que aparezcan pequeñas burbujas en la superficie.

3 Deles la vuelta con una espátula y cuézalas 2-3 minutos más, o hasta que estén doradas. Mantenga las tortitas calientes envolviéndolas en papel de aluminio o de cocina mientras hace el resto. Sírvalas tal cual o, si lo desea, con mantequilla.

rollitos de pistacho y chocolate

para 20 unidades **prep.: 20 min** **cocción: 20 min**

La combinación de pistachos y agua de rosas confiere a estos crujientes rollitos un delicado aroma árabe.

INGREDIENTES

55 g de mantequilla, y un poco más para engrasar
10 láminas de pasta filo de unos 18 x 30 cm
azúcar glas, para espolvorear

RELLENO

55 g de pistachos, pelados y picados gruesos
55 g de avellanas molidas
25 g de azúcar rubio
1 cucharada de agua de rosas
55 g de chocolate negro rallado

variación

Sustituya los pistachos por almendras, y el agua de rosas por agua de azahar. También puede añadir unas pasas al relleno.

sugerencia

La pasta filo se seca rápidamente una vez fuera de su envoltorio. Para evitar que eso ocurra, tape las láminas con un paño limpio de cocina.

1 Precaliente el horno a 180 °C. Engrase 2 bandejas para el horno. Ponga los ingredientes secos del relleno en un cuenco con el azúcar, el agua de rosas y el chocolate, y remueva para mezclar. Corte cada lámina de pasta filo por la mitad a lo largo. Apile los rectángulos uno sobre el otro y cúbralos con un paño de cocina.

2 Pinte la lámina superior de pasta filo con un poco de mantequilla derretida. Extienda una cucharadita de relleno en uno de los extremos del rectángulo. Doble los lados hacia dentro, ligeramente por encima del relleno, y enrolle a partir del extremo. Coloque el rollito sobre la bandeja del horno preparada, con el lado del cierre hacia abajo.

3 Repita la operación con el resto de la pasta y del relleno, y después pinte los rollitos con mantequilla derretida. Cuézalos en el horno durante 20 minutos, o hasta que estén crujientes y de un dorado muy pálido. Páselos a una rejilla metálica para que se enfríen. Espolvoréelos con un poco de azúcar glas y sírvalos.

pains au chocolat

cocción: 15-20 min **prep: 40 min + 7 h de fermentación y nevera** **para 8 unidades**

No hay nada más irresistible que la apariencia y el aroma de unos bollos con chocolate recién salidos del horno.

variación

Sustituya el chocolate negro por la misma cantidad de chocolate con leche, picado o en forma de gotas.

sugerencia

Si quiere los bollitos para desayunar, prepárelos la noche anterior, cúbralos y déjelos toda la noche en la nevera. Antes de hornearlos déjelos 30 minutos a temperatura ambiente.

INGREDIENTES

100 g de mantequilla, y un poco más para engrasar

250 g de harina de trigo duro, y un poco más para espolvorear

1 cucharadita de sal

2 cucharaditas de levadura seca de fácil disolución

175 ml de leche

25 g de azúcar lustre

1 cucharada de aceite, y un poco más para engrasar

115 de chocolate negro, picado grueso

GLASEADO

1 yema de huevo

2 cucharadas de leche

1 Engrase una bandeja para el horno. Tamice la harina y la sal sobre un cuenco, y agregue la levadura. Haga un hoyo. Caliente la leche. Cuando esté tibia, añada el azúcar y el aceite, y remueva para disolver el azúcar. Mézclelo con la harina. Sobre una superficie enharinada, amase la pasta hasta que esté suave. Póngala en un cuenco engrasado, cúbrala y déjela en un lugar cálido 2-3 horas o hasta que doble su volumen.

2 Vuelva a amasarla y, con el rodillo, extiéndala en un rectángulo 3 veces más largo que ancho. Divida la mantequilla en 3. Ponga una porción, en trozos, sobre los dos tercios superiores de la masa, dejando libres los bordes. Doble el tercio inferior hacia arriba y el superior por encima. Selle los bordes. Dé media vuelta a la masa. Extiéndala en rectángulo. Repita dos veces la operación y después dóblela, métala en una bolsa de plástico engrasada con aceite y déjela 1 h en la nevera.

3 Precaliente el horno a 220 °C. Corte la masa en 2 y forme 2 rectángulos de 30 x 15 cm. Corte cada mitad en 4 rectángulos de 15 x 7,5 cm. Ponga chocolate en uno de los extremos cortos y enrolle la masa. Ponga los rollitos en la bandeja y déjelos en un lugar cálido 2-3 horas, hasta que su volumen haya doblado. Para el glaseado, mezcle la yema con la leche y pinte los bollos. Hornéelos 15-20 minutos o hasta que suban y se doren.

merengues de chocolate y jengibre

para 8 unidades **prep.: 15 min** **cocción: 1 h 30 min**

Estos merengues tienen el suave color que les confiere el chocolate y están unidos por una deliciosa crema de jengibre.

INGREDIENTES

225 g de chocolate negro

4 claras de huevo

225 g de azúcar lustre

RELLENO

300 ml de nata espesa

3 trozos de jengibre en almíbar, picado fino, y 1 cucharada del jugo del tarro

sugerencia

Procure no batir la pasta de merengue en exceso. Vaya añadiendo el azúcar poco a poco, batiendo tras cada adición, y después incorpore con cuidado el chocolate rallado.

1 Precaliente el horno a 120 °C. Forre 2 bandejas para el horno con papel vegetal. Ralle la mitad del chocolate. En un cuenco bien limpio y sin rastro de grasa, bata las claras a punto de nieve medio. Añada la mitad del azúcar gradualmente, batiendo. Mezcle el chocolate rallado con el resto del azúcar e incorpórelo en la pasta.

2 Con la manga pastelera, deposite porciones de merengue sobre las bandejas, o ponga 16 cucharadas. Hornee los merengues 1½ horas o hasta que estén secos. Déjelos enfriar sobre una rejilla metálica. Derrita el resto del chocolate (*véase* págs. 9-10) y extienda un poco sobre la base de cada merengue. Déjelos sobre la rejilla hasta que haya cuajado.

3 Para preparar el relleno, bata la nata en un bol hasta que se espese. Incorpore el jengibre troceado y el almíbar. Antes de servirlos, junte los merengues a pares con la crema de jengibre en el medio.

triángulos de plátano y chocolate

cocción: 14-16 min **prep.: 15 min** **para 12 triángulos pequeños**

Puede servir estos crujientes dulces para picar en una fiesta, o con el café, al final de una comida.

variación

Para una salsa de chocolate muy especial, añada 1 cucharada de brandy a la nata y el chocolate del cazo en el paso 3. Prosiga con la receta.

INGREDIENTES

1 plátano

25 g de gotas de chocolate negro

4 láminas de pasta filo de unos

18 x 30 cm

55 de mantequilla derretida

SALSA

150 ml de nata líquida

55 g de chocolate negro troceado

1 Precaliente el horno a 180 °C. Pele el plátano y cháfelo en un bol con un tenedor. Agregue las gotas de chocolate y mezcle bien. Cubra las láminas de pasta filo con un paño de cocina para evitar que se sequen. Unte un rectángulo de pasta con mantequilla derretida y córtela a lo largo en 3 tiras de 6 cm de ancho.

2 Con una cuchara, deposite un poco de la pasta de plátano sobre el extremo inferior de cada tira. Después, doble la esquina por encima para encerrar el relleno en un triángulo. Siga doblando a lo largo de toda la tira hasta obtener un solo triángulo. Colóquelo sobre una bandeja para el horno con el lado del cierre hacia abajo. Repita la operación con el resto de la pasta y del relleno. Hornee los triángulos 10-12 minutos o hasta que estén bien dorados.

3 Para la salsa, caliente el chocolate con la nata en un cazo, a fuego suave, hasta que se funda. Remueva hasta que esté suave. Sirva los triángulos en seguida, con la salsa.

magdalenas

para unas 20 unidades **prep.: 20 min** **cocción: 35 min**

Estas sabrosas magdalenas tienen una textura ligera y jugosa, y llevan una tentadora cobertura de caramelo y chocolate.

INGREDIENTES

200 ml de agua
85 g de mantequilla
85 g de azúcar lustre
1 cucharada de sirope dorado
3 cucharadas de leche
1 cucharadita de esencia de vainilla
1 cucharadita de bicarbonato sódico
2 cucharadas de cacao en polvo
225 g de harina

COBERTURA

50 g de chocolate negro troceado
4 cucharadas de agua
50 g de mantequilla
50 g de chocolate blanco troceado
350 g de azúcar glas

PARA ADORNAR

pétalos de rosa cristalizados
violetas cristalizadas

variación

En lugar de los pétalos y flores cristalizados puede decorar las magdalenas con virutas de chocolate (*véase* pág. 10) o avellanas picadas.

sugerencia

Vale la pena invertir en un juego de cucharas de medir. La precisión es muy importante, por ejemplo, al medir bicarbonato sódico.

1 Precaliente el horno a 180 °C. Ponga capacillos de papel en 2 moldes para magdalenas. En un cazo, caliente el agua, la mantequilla, el azúcar y el sirope, a fuego suave y removiendo, hasta que el azúcar se disuelva, y después llévelo a ebullición. Baje el fuego y hiérvalo 5 minutos. Retírelo y espere a que se enfríe. Ponga la leche y la esencia de vainilla en un bol. Agregue el bicarbonato y remueva para disolverlo. Tamice el cacao en polvo y la harina en otro bol, y añádalo al almíbar. Incorpore la leche y bata bien.

2 Con cuidado, ponga la pasta a cucharadas en los capacillos, hasta ⅔ de su altura. Hornee las magdalenas 20 minutos o hasta que suban y estén firmes al tacto. Déjelas enfriar sobre una rejilla. Para la cobertura, ponga el chocolate negro en un bol con la mitad del agua y la mitad de la mantequilla, y encaje el bol en un cazo con agua hirviendo a fuego suave hasta que se funda. Remueva y deje el bol sobre el agua. Haga lo mismo con el otro chocolate y el resto del agua y la mantequilla.

3 Incorpore la mitad del azúcar glas en cada bol, y bata hasta que parezca caramelo. Divida las coberturas entre las magdalenas, llenando los capacillos hasta arriba. Cuando estén frías, ponga pétalos sobre las magdalenas con chocolate negro y violetas en las de chocolate blanco. Espere a que la cobertura cuaje antes de servirlas.

galletas

Las galletas caseras resultan mucho más baratas que las compradas, y también mucho más sabrosas. Y son muy fáciles de hacer. Con sólo unos cuantos ingredientes sencillos obtendrá grandes cantidades de deliciosas galletas. Además, la mayoría de las recetas no requieren ningún utensilio especial. A los niños les encantará ayudar a hacerlas, y aunque puede que después sea difícil evitar que se las coman todas, también se mostrarán encantados de envolver algunas en un bonito papel de regalo o disponerlas en una caja metálica decorada para hacer algún obsequio. Las galletas caseras también suelen tener un gran éxito en las fiestas, tanto infantiles como de adultos. Entre las siguientes recetas encontrará especialidades de distintas partes del mundo, como los especiados Lebkuchen *alemanes (*véase *pág. 142), los melosos* Panforte di Siena *(*véase *pág. 154), y las festivas Medialunas de chocolate y frutos secos de Grecia (*véase *pág. 144). También están los grandes clásicos, como las pastas de mantequilla y las florentinas, así como variaciones de la favorita universal: la galleta con gotas de chocolate.*

galletas de chocolate y albaricoque

cocción: 13-15 min **prep.: 20 min** **para 12-14 unidades**

Los orejones dan a estas deliciosas galletas un estupendo sabor afrutado. Si sobran, puede guardarlas en un recipiente hermético.

variación

Como alternativa a los orejones de albaricoque, pruebe otras frutas secas, como arándanos, cerezas o pasas.

sugerencia

Es importante calentar bien el horno antes de cocer las galletas o los pasteles, pues si no quedan crudos y no suben.

INGREDIENTES

85 g de mantequilla ablandada, y un poco más para engrasar
25 g de azúcar rubio
55 g de azúcar mascabado claro
½ cucharadita de esencia de vainilla
1 huevo batido
175 g de harina de fuerza
115 g de chocolate negro, picado grueso
115 g de orejones de albaricoque que no requieran remojo, picados gruesos

1 Precaliente el horno a 180 °C. Engrase 2 bandejas para el horno. En un bol, bata la mantequilla con los dos tipos de azúcar y la esencia de vainilla. Vaya añadiendo el huevo poco a poco, y bata hasta obtener una pasta ligera y esponjosa.

2 Tamice la harina sobre la pasta y remueva; a continuación, añada el chocolate y los orejones.

3 Vaya depositando cucharadas de pasta sobre las bandejas de hornear, dejando espacio para que las galletas se hinchen. Hornéelas durante 13-15 minutos o hasta que estén crujientes por fuera pero todavía jugosas por dentro. Deje que se entibien en las bandejas 2 minutos, y después páselas a unas rejillas metálicas para que terminen de enfriarse.

galletas de avena y gotas de chocolate

para unas 20 unidades **prep.: 15 min** **cocción: 15 min**

Los copos de avena dan una textura ligera y un sabor especial a estas galletas, estupendas con una taza de café recién hecho.

INGREDIENTES

115 g de mantequilla ablandada, y un poco más para engrasar
115 g de azúcar mascabado claro
1 huevo
100 g de copos de avena
1 cucharada de leche
1 cucharadita de esencia de vainilla
125 g de harina
1 cucharada de cacao en polvo
½ cucharadita de levadura en polvo
175 g de chocolate negro troceado
175 g de chocolate con leche troceado

variación

Sustituya el chocolate negro y con leche por 175 g de gotas de chocolate con leche y 175 g de pacanas picadas.

sugerencia

Después de hornearlas hay que dejar las galletas en la bandeja 2 minutos, para que no se deshagan al pasarlas a la rejilla metálica para que terminen de enfriarse.

1 Precaliente el horno a 180 °C. Engrase 2 bandejas para el horno. Bata la mantequilla con el azúcar en un bol hasta que esté ligera y esponjosa.

2 Añada el huevo y, después, los copos de avena, la leche y la esencia de vainilla. Bata hasta obtener una pasta homogénea. Tamice la harina, el cacao y la levadura por encima, y remueva. Agregue los trozos de chocolate.

3 Deposite cucharadas de pasta en las bandejas y aplástelas un poco con un tenedor. Cueza las galletas en el horno precalentado 15 minutos, o hasta que hayan subido un poco y estén hechas. Déjelas 2 minutos en la bandeja y después páselas a una rejilla metálica para que terminen de enfriarse.

galletas con gotas de dos chocolates

para unas 24 unidades **prep.: 15 min + 20 min de enfriamiento** **cocción: 10-12 min**

Repletas de gotas de chocolate blanco y negro, estas galletas son el capricho perfecto para los amantes del chocolate.

INGREDIENTES

200 g de mantequilla ablandada, y un poco más para engrasar
200 g de azúcar lustre
½ cucharadita de esencia de vainilla
1 huevo grande
225 g de harina
una pizca de sal
1 cucharadita de bicarbonato sódico
115 g de gotas de chocolate blanco
115 g de gotas de chocolate negro

sugerencia

Si prefiere que las galletas queden crujientes en lugar de blandas por dentro, déjelas un ratito más en el horno, unos 13-15 minutos en total.

1

2

3

1 Precaliente el horno a 180 °C. Engrase 2 bandejas para el horno con mantequilla. Bata la mantequilla con el azúcar y la esencia de vainilla en un cuenco grande. Incorpore el huevo poco a poco, y trabájelo hasta obtener una pasta ligera y esponjosa.

2 Tamice la harina, la sal y el bicarbonato por encima, y remueva bien. Incorpore las gotas de chocolate.

3 Deposite cucharaditas de pasta sobre las bandejas preparadas, dejando espacio entre ellas para que las galletas se hinchen durante la cocción.

Hornéelas 10-12 minutos o hasta que estén crujientes por fuera pero blandas por dentro. Déjelas entibiar en la bandeja 2 minutos, y después páselas a una rejilla metálica para que terminen de enfriarse.

tejas de chocolate con almendras y naranja

cocción: 8-10 min **prep.: 15 min + 15 min de enfriamiento** **para 18 unidades**

Estas finísimas y crujientes tejas son ideales para acompañar un postre de fruta fresca o un helado de vainilla.

sugerencia

No ceda a la tentación de hornear más de una bandeja de tejas de una vez, o las de la segunda se endurecerán antes de que tenga tiempo de darles forma.

INGREDIENTES

55 g de mantequilla derretida y enfriada, y un poco más para engrasar

2 claras de huevo

115 g de azúcar lustre

40 g de harina

1 cucharada de cacao en polvo

25 g de almendras fileteadas

la ralladura de 1 naranja

1 Precaliente el horno a 180 °C. Engrase con mantequilla 2 o 3 bandejas para el horno y un rodillo. Con un tenedor, bata las claras y el azúcar en un cuenco hasta que hagan espuma. Tamice la harina y el cacao en polvo por encima. Añada las almendras y la ralladura de naranja, y remueva. Incorpore la mantequilla y mezcle bien.

2 Deje caer cucharaditas de pasta sobre las bandejas de hornear, dejando mucho espacio entre ellas porque las galletas crecen durante la cocción. Con una espátula, alise un poco las cucharadas de pasta. Hornee la primera bandeja durante 8-10 minutos, o hasta que los bordes de las galletas se hayan endurecido.

3 Con cuidado, despegue las galletas con una espátula y colóquelas sobre el rodillo engrasado mientras todavía estén calientes. Déjelas 1-2 minutos o hasta que se hayan endurecido. A continuación, retírelas con suavidad y páselas a una rejilla metálica para que terminen de enfriarse. Guárdelas en un recipiente hermético.

galletas de moca y nueces

para unas 16 unidades

prep.: 20 min + 20 min de enfriamiento

cocción: 10-15 min

Estas galletas, de jugosa textura, son estupendas para la merienda. También resultan ideales para una fiesta de cumpleaños.

INGREDIENTES

115 g de mantequilla ablandada, y un poco más para engrasar

115 g de azúcar mascabado claro

85 g de azúcar rubio

1 cucharadita de esencia de vainilla

1 cucharada de café soluble disuelto en 1 cucharada de agua caliente

1 huevo

175 g de harina

½ cucharadita de levadura en polvo

¼ de cucharadita de bicarbonato sódico

55 g de gotas de chocolate con leche

55 g de nueces peladas y picadas gruesas

sugerencia

El azúcar mascabado tiene tendencia a ser bastante grumoso, y por eso es preferible tamizarlo para hacer pasteles o galletas.

1 Precaliente el horno a 180 °C. Engrase 2 bandejas para el horno con mantequilla. Ponga la mantequilla y los dos tipos de azúcar en un cuenco grande, y bata hasta obtener una crema ligera y esponjosa. En otro cuenco, bata la esencia de vainilla con el café y el huevo.

2 Poco a poco, vierta la mezcla de café y huevo en la de mantequilla, y bata hasta que esté esponjoso. Tamice por encima la harina, la levadura y el bicarbonato, y remueva con suavidad. Incorpore las gotas de chocolate y las nueces.

3 Deposite cucharaditas de pasta sobre las bandejas, dejando espacio para que las galletas crezcan durante la cocción. Hornéelas 10-15 minutos o hasta que estén crujientes por fuera pero todavía blandas por dentro. Déjelas enfriar en la bandeja 2 minutos y después páselas a una rejilla metálica para que terminen de enfriarse.

soletillas vienesas de chocolate

cocción: 15 min **prep.: 20 min** **para unas 30 unidades**

Estas galletas, que se deshacen en la boca, son ideales para servir con el café o para acompañar una mousse o una crema de frutas.

sugerencia

Si lo desea, puede espolvorear unos frutos secos picados por encima del chocolate fundido antes de que se endurezca.

INGREDIENTES

115 g de mantequilla ablandada, y un poco más para engrasar

55 g de azúcar glas, tamizado

125 g de harina

1 cucharada de cacao en polvo

100 g de chocolate negro, fundido y enfriado (*véase* págs. 9-10)

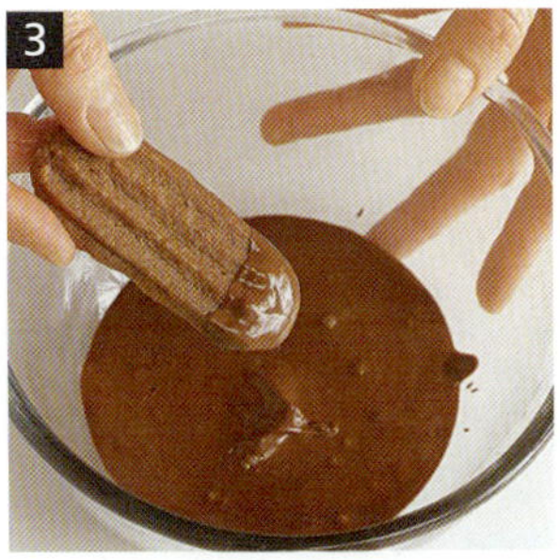

1 Precaliente el horno a 180 °C. Engrase 2 bandejas para el horno. Bata la mantequilla con el azúcar hasta que esté ligera y esponjosa. Tamice la harina y el cacao por encima y trabaje la pasta hasta que tenga una consistencia suave adecuada para aplicar con una manga pastelera.

2 Introduzca la pasta en una manga pastelera equipada con una boquilla de 2,5 cm. Deposite tiras de 6 cm de largo en las bandejas preparadas, dejando espacio entre ellas para que las soletillas crezcan durante la cocción. Cuézalas 15 minutos o hasta que estén hechas.

3 Déjelas entibiar en la bandeja 2 minutos y después páselas a una rejilla metálica para que terminen de enfriarse. Bañe los extremos de las galletas en el chocolate fundido y espere a que se solidifique antes de servirlas.

lebkuchen

para unas 60 unidades **prep.: 20 min + 20 min para que se enfríen y cuajen** **cocción: 20-25 min**

Estas especiadas galletitas se comen tradicionalmente en Alemania el 6 de diciembre, día de san Nicolás, pero son estupendas para cualquier época del año. Sírvalas con café recién hecho.

INGREDIENTES

3 huevos

200 g de azúcar lustre

55 g de harina

2 cucharaditas de cacao en polvo

1 cucharadita de canela molida

½ cucharadita de cardamomo molido

¼ de cucharadita de clavo molido

¼ de cucharadita de nuez moscada rallada

175 g de almendras molidas

55 g de piel de cítricos confitada, picada fina

PARA DECORAR

115 g de chocolate negro, fundido y enfriado (*véase* págs. 9-10)

115 g de chocolate blanco, fundido y enfriado (*véase* págs. 9-10)

azúcar candi

variación

En lugar de esparcir azúcar candi, espolvoree las galletas con un poco de azúcar glas.

sugerencia

Después de bañar las galletas en el chocolate en el paso 3, déjelas secar sobre papel vegetal, para recoger lo que gotee. Puede guardar las galletas hasta 3 días en un recipiente hermético.

1 Precaliente el horno a 160 °C. Forre varias bandejas para el horno con papel vegetal. Ponga los huevos y el azúcar en un bol pequeño resistente al calor, y encájelo en un cazo con agua hirviendo a fuego suave. Bata hasta obtener una pasta espesa y espumosa. Retire el cuenco del cazo y siga batiendo 2 minutos más.

2 Tamice la harina, el cacao, la canela, el cardamomo, el clavo y la nuez moscada por encima, añada la almendra y la piel confitada, y remueva. Deje caer cucharaditas colmadas de pasta sobre las bandejas preparadas, dejando espacio entre ellas para que crezcan durante la cocción. Extiéndalas un poco con suavidad.

3 Hornee las galletas 15-20 minutos o hasta que estén doradas y blandas al tacto. Déjelas enfriar en la bandeja 10 minutos, y después páselas a una rejilla metálica. Sumerja la mitad de las galletas en el chocolate negro y la otra mitad en el chocolate blanco. Esparza por encima el azúcar candi, espere a que cuajen y sírvalas.

medialunas de chocolate y frutos secos

para unas 40 unidades **prep.: 20 min + 20 min de enfriamiento** **cocción: 20-25 min**

Estos bollitos crujientes son una variación de una galleta que en Grecia se prepara para las festividades y ocasiones especiales.

INGREDIENTES

225 g de mantequilla ablandada, y un poco más para engrasar
85 g de azúcar lustre
1 yema de huevo
1 cucharadita de ron
115 g de nueces, peladas y molidas
225 g de harina, y un poco más para enharinarse las manos
55 g de harina de maíz
1 cucharada de cacao en polvo
85 g de azúcar glas tamizado, para espolvorear

variación

Si quiere un sabor italiano, sustituya el ron por 1 cucharadita de licor amaretto y las nueces por 115 g de almendras molidas en la picadora.

sugerencia

No compre nuez molida, porque el polvo es demasiado fino. Es preferible moler las nueces en casa, en una picadora, y no en exceso.

1 Precaliente el horno a 180 °C. Engrase varias bandejas para el horno. Bata la mantequilla con el azúcar en un bol hasta que esté esponjosa y pálida. Añada la yema de huevo y el ron. Incorpore la nuez molida. Tamice los dos tipos de harina y el cacao por encima, y remueva. Añada un poco más de harina si fuera necesario, para obtener una pasta firme.

2 Con las manos enharinadas, vaya sacando bolitas de pasta del tamaño de una nuez y extendiéndolas en churros de 7,5 cm de largo, más gruesos por el centro y acabados en punta. Deles forma de medialuna y colóquelos sobre las bandejas preparadas.

3 Cueza las medialunas 20-25 minutos, o hasta que estén hechas. Deje que se entibien en la bandeja 2 minutos, y después páselas a una rejilla metálica para que terminen de enfriarse. Antes de servirlas, espolvoréelas con azúcar glas.

espirales de chocolate y vainilla

cocción: 10-15 min **prep: 20 min + 1 h 20 min de nevera y enfriamiento** **para unas 36 unidades**

Estas galletas bicolores tienen un aspecto impresionante y son muy sencillas de hacer. Quedan estupendas en una caja, para regalar.

variación

Para un aspecto diferente, en el paso 3 ponga la pasta de vainilla sobre el papel vegetal y la de chocolate encima.

sugerencia

Enrolle la pasta bien apretada, pues si no las galletas se desharán. Si aparecen grietas mientras la extiende, tápelas presionando con los dedos.

INGREDIENTES

225 g de mantequilla ablandada, y un poco más para engrasar

115 g de azúcar lustre

325 g de harina, y un poco más para espolvorear

1 cucharada de cacao en polvo

1 cucharadita de esencia de vainilla

1

2

3

1 Engrase con mantequilla 2 o 3 bandejas para el horno. Bata la mantequilla con el azúcar hasta que esté ligera y esponjosa. Ponga la mitad en otro cuenco y añada 150 g de harina y el cacao. Agregue la esencia de vainilla a la otra mitad. Tamice el resto de la harina e incorpórela. Remueva las dos pastas hasta que estén consistentes y flexibles.

2 Con el rodillo, extienda las dos pastas por separado sobre una superficie de trabajo y forme dos rectángulos de 20 x 28 cm. Coloque la pasta de chocolate sobre una lámina de papel vegetal y, con cuidado, ponga la de vainilla encima. Enrolle la pasta bien apretada por el lado más largo, sirviéndose del papel como guía. Envuelva el rollo en el papel y déjelo enfriar en la nevera como mínimo 1 hora, o hasta que la pasta se endurezca.

3 Precaliente el horno a 180 °C. Desenvuelva el rollo y córtelo en rebanadas delgadas. Ponga las galletas en las bandejas de hornear y cuézalas 10-15 minutos o hasta que estén doradas. Deje que se entibien en la bandeja 2 minutos, y después páselas a una rejilla metálica para que terminen de enfriarse antes de servirlas.

barritas de avellana y chocolate

para 12 unidades **prep.: 10 min + 30 min de enfriamiento** **cocción: 25-30 min**

Estas deliciosas y jugosas barritas llenan mucho, así que son estupendas para llevarlas encima por si flaquea la energía.

INGREDIENTES

115 g de mantequilla, y un poco más para engrasar
200 g de copos de avena
55 g de avellanas peladas, ligeramente tostadas y picadas gruesas
55 g de harina
85 g de azúcar mascabado claro
2 cucharadas de sirope dorado
55 g de gotas de chocolate negro

variación

Para que resulten más caprichosas, derrita 115 g de chocolate (*véase* págs. 9-10) y bañe las barritas. Espere a que el chocolate cuaje antes de servirlas.

sugerencia

En el paso 2, puede calentar los ingredientes en el microondas, a potencia media, 2½ minutos.

1 Precaliente el horno a 180 °C. Engrase con mantequilla un molde metálico, llano y cuadrado, de 23 cm. En un cuenco grande, mezcle los copos de avena con las avellanas y la harina.

2 Ponga la mantequilla, el azúcar y el sirope en un cazo y caliéntelo a fuego lento hasta que el azúcar se haya disuelto. Viértalo sobre los ingredientes secos y remueva bien. Incorpore las gotas de chocolate.

3 Pase la pasta al molde preparado y cuézala en el horno precalentado 20-25 minutos o hasta que esté dorada y se haya endurecido. Marque 12 rectángulos con un cuchillo y deje que se enfríe en el molde. Corte las barritas con un cuchillo afilado, sáquelas del molde y sírvalas.

galletas con relleno de crema de chocolate

cocción: 20 min **prep: 25 min + 2 h en la nevera** **para 12 unidades**

Deliciosas galletas de mantequilla y chocolate, con un toque especiado, unidas por una suculenta crema de chocolate.

sugerencia

No junte las galletas con demasiada antelación antes de servirlas, pues se reblandecerían. Las galletas, sin la crema, se conservan hasta 3 días en un recipiente hermético.

INGREDIENTES

125 g de mantequilla ablandada

75 g de azúcar glas

125 g de harina

40 g de cacao en polvo

½ cucharadita de canela molida

RELLENO

125 g de chocolate negro troceado

50 ml de nata espesa

1 Precaliente el horno a 160 °C. Forre una bandeja para el horno con papel vegetal. Bata la mantequilla con el azúcar en un cuenco grande hasta que esté ligera y esponjosa. Tamice la harina, el cacao en polvo y la canela por encima de la crema de mantequilla, y mezcle hasta obtener una pasta suave.

2 Ponga la pasta entre 2 hojas de papel vegetal y extiéndala en una lámina de 3 mm de grosor. Recorte redondeles de 6 cm y póngalos en la bandeja. Cueza las galletas 15 minutos o hasta que estén hechas. Deje que se entibien en la bandeja 2 minutos y después páselas a una rejilla para que terminen de enfriarse.

3 Mientras tanto, para el relleno, ponga el chocolate y la nata en un cazo, y caliéntelo a fuego lento hasta que el chocolate se funda. Remueva hasta que esté suave. Espere a que se enfríe y luego déjelo 2 horas en la nevera, o hasta que cuaje. Junte las galletas a pares con una cucharada de crema de chocolate y sírvalas.

florentinas de piña y cereza

para unas 14 unidades **prep.: 15 min + 2 h para que se enfríen y cuajen** **cocción: 10-12 min**

Las florentinas son unas delicadas y crujientes galletas con una estupenda combinación de fruta y frutos secos, y una capa de chocolate. Perfectas servidas con helado de vainilla, o para regalar.

INGREDIENTES

55 g de mantequilla
40 g de azúcar de Demerara
1 cucharada de sirope dorado
55 g de harina tamizada
25 de angélica, picada gruesa
25 g de cerezas confitadas, picadas gruesas
55 g de almendras fileteadas, picadas gruesas
55 g de piña confitada, picada gruesa
1 cucharadita de zumo de limón
115 g de chocolate negro, fundido y enfriado (*véase* págs. 9-10)

variación

Extienda chocolate blanco en lugar de negro. Quedarán muy vistosas si recubre la mitad con chocolate negro y la otra mitad con chocolate blanco.

sugerencia

Si le cuesta quitar las florentinas de la bandeja, vuelva a meterlas en el horno 2 minutos, despéguelas y déjelas enfriar sobre una rejilla metálica.

1 Precaliente el horno a 180 °C. Forre varias bandejas para el horno con papel vegetal. Ponga la mantequilla, el azúcar y el sirope en un cazo, y caliéntelo a fuego suave hasta que se haya fundido. A continuación, añada la harina, la angélica, las cerezas, la almendra, la piña y el zumo de limón.

2 Deposite montoncitos de pasta del tamaño de una nuez, bien espaciados, en las bandejas de hornear, y aplánelos con un tenedor. Cueza las galletas durante 8-10 minutos, o hasta que estén doradas. Con una espátula metálica, recorte los bordes de las galletas para que queden lo más redondas posible. Deje que se entibien en la bandeja 1 minuto y después páselas a una rejilla metálica para que terminen de enfriarse.

3 Unte la base de las florentinas con chocolate fundido, y después póngalas, con el lado del chocolate hacia arriba, sobre una rejilla metálica. Con un tenedor, dibuje unas líneas ondulas. Déjelas reposar hasta que el chocolate haya cuajado.

tiffin

cocción: 5 min

prep.: 10 min + 9 h 30 min de remojo y nevera

para 12 porciones

El tiffin *es un maravilloso pastel de galleta que no requiere cocción y que contiene chocolate, fruta y frutos secos. Puede cortarlo en trocitos pequeños y servirlo para picar con el café después de la cena.*

variación

Si lo prepara para niños, remoje las pasas en zumo de naranja en lugar de ron.

sugerencia

Para un efecto decorativo, dibuje unas líneas onduladas con un tenedor sobre la cobertura de chocolate antes de dejar el pastel en la nevera.

INGREDIENTES

55 g de pasas

2 cucharadas de brandy

115 g de chocolate negro troceado

115 g de chocolate con leche troceado

55 g de mantequilla, y un poco más para engrasar

2 cucharadas de sirope dorado

175 g de galletas integrales, troceadas

55 g de almendras fileteadas, ligeramente tostadas

25 g de cerezas confitadas, picadas

COBERTURA

100 g de chocolate negro troceado

20 g de mantequilla

1

2

3

1 Engrase y forre la base de un molde llano y cuadrado, de 18 cm. Remoje las pasas en el ron durante 30 minutos. Ponga el chocolate, la mantequilla y el sirope en un cazo y caliéntelo a fuego lento hasta que se haya fundido.

2 Incorpore las migas de galleta, las almendras, las cerezas, las pasas y el brandy. Pase la mezcla al molde y déjela enfriar. Cúbrala y déjela en la nevera 1 hora.

3 Para hacer la cobertura, ponga el chocolate y la mantequilla en un bol pequeño resistente al calor y encájelo en un cazo con agua hirviendo a fuego lento. Cuando se haya fundido, remueva y viértalo sobre la base de galleta. Deje el pastel en la nevera 8 horas o toda la noche. Para servirlo, corte el *tiffin* en barritas o en cuadrados.

triángulos de mantequilla y chocolate

para 8 porciones **prep.: 10 min + 30 min de enfriamiento** **cocción: 35-40 min**

Una torta de mantequilla con gotas de chocolate esparcidas por encima: ¡nada puede ser más sencillo o más delicioso!

INGREDIENTES

115 g de mantequilla en dados, y un poco más para engrasar
115 g de harina de trigo
55 de harina de maíz
55 g de azúcar lustre
40 g de gotas de chocolate negro

variación

Para conseguir una textura más crujiente, utilice sémola en lugar de harina de maíz. Puede poner gotas de chocolate blanco o con leche.

sugerencia

Marque las porciones en cuanto saque la torta del horno, antes de que se enfríe y se endurezca. Así le resultará más fácil cortarla después en triángulos.

1 Precaliente el horno a 160 °C. Engrase con mantequilla un molde para tartas acanalado de 23 cm de diámetro. Tamice los dos tipos de harina sobre un cuenco grande. Añada el azúcar y, después, la mantequilla, y trabaje hasta que la pasta empiece a estar ligada.

2 Deposítela sobre el molde preparado y, presionando, extiéndala uniformemente por la base. Pinche la pasta varias veces con un tenedor. Esparza por encima las gotas de chocolate y presione ligeramente para que se hundan un poco en la pasta.

3 Cueza la torta en el horno precalentado durante 35-40 minutos, o hasta que esté hecha, pero no dorada. Señale las 8 porciones triangulares con un cuchillo afilado. Deje que se entibie en el molde 10 minutos y luego pásela a una rejilla metálica para que termine de enfriarse.

pastas de mantequilla, caramelo y chocolate

cocción: 25-30 min **prep.: 40 min + 4 h en la nevera** **para 12 porciones**

Estas pastas de mantequilla son un auténtico lujo, con esa fantástica capa de caramelo recubierta de crujiente chocolate.

variación

También quedaría bien una cobertura de chocolate blanco. La cantidad a utilizar sería la misma.

sugerencia

Vaya con mucho cuidado al preparar el caramelo, ya que se pega con facilidad a la base del cazo. No deje de remover hasta que se espese, y entonces retírelo inmediatamente del fuego.

INGREDIENTES

115 g de mantequilla, y un poco más para engrasar

175 g de harina

55 g de azúcar lustre

200 g de chocolate negro troceado

CARAMELO

175 g de mantequilla

115 g de azúcar lustre

3 cucharadas de sirope dorado

400 g de leche condensada

1 Precaliente el horno a 180 °C. Engrase y forre la base de un molde llano y cuadrado para tartas de 23 cm. Ponga la mantequilla, la harina y el azúcar en un robot de cocina y amase hasta que empiece a ligarse. Presione la pasta sobre la base del molde y alise la superficie. Cuézala en el horno 20-25 minutos o hasta que esté dorada.

2 Mientras tanto, prepare el caramelo. Ponga la mantequilla, el azúcar, el sirope y la leche condensada en un cazo de base gruesa. Caliéntelo a fuego lento hasta que el azúcar se disuelva. Llévelo a ebullición, baje la temperatura y déjelo 6-8 minutos a fuego lento, removiendo, hasta que esté bien espeso. Vierta el caramelo sobre la tarta y déjela enfriar en la nevera 2 horas o hasta que cuaje.

3 Derrita el chocolate (*véase* págs. 9-10), espere a que se enfríe y extiéndalo sobre la capa de caramelo. Déjelo enfriar en la nevera 2 horas o hasta que haya cuajado. Con un cuchillo afilado, corte el pastel en 12 porciones. Sírvalas.

panforte di siena

para 12-16 porciones **prep.: 10 min** **cocción: 35-40 min**

El panforte*, de textura pastosa y jugosa, es el pastel de Navidad tradicional de Siena. Por primera vez se le añadió chocolate cuando el cacao llegó del Nuevo Mundo y se puso de moda.*

INGREDIENTES

mantequilla, para engrasar
55 g de cerezas confitadas, cortadas en cuartos
115 g de mezcla de piel confitada de naranja y limón, picada fina
25 g de jengibre cristalizado, picado grueso
115 g de almendras fileteadas
115 g de avellanas, tostadas y picadas gruesas
55 g de harina
25 g de cacao en polvo
1 cucharadita de canela molida
¼ de cucharadita de clavo molido
¼ de cucharadita de nuez moscada rallada
¼ de cucharadita de cilantro molido
115 g de miel fluida
115 g de azúcar lustre
1 cucharadita de agua de azahar
azúcar lustre, para espolvorear

variación

Puede sustituir las cerezas confitadas por arándanos secos, y el jengibre cristalizado por la misma cantidad de piña cristalizada.

sugerencia

El *panforte* se conserva hasta 2 meses en un recipiente hermético. No lo guarde en plástico, ya que podría enmohecerse. Espolvoréelo con un poco más de azúcar glas antes de servirlo.

1 Precaliente el horno a 160 °C. Engrase bien la base de un molde desmontable de 20 cm de diámetro y fórrela con papel vegetal. Ponga en un cuenco las cerezas, la piel de cítricos, el jengibre, las almendras y las avellanas. Tamice por encima la harina, el cacao, la canela, el clavo, la nuez moscada y el cilantro, y mezcle bien. Reserve.

2 En un cazo, caliente la miel con el azúcar y el agua azahar, a fuego lento, hasta que el azúcar se haya disuelto. Llévelo a ebullición y deje que hierva hasta alcanzar una temperatura de 116 °C, medida con un termómetro para azúcar, o bien hasta que al dejar caer una gota en agua fría se forme una bolita blanda.

3 Retire en seguida el cazo del fuego y añada los ingredientes secos. Mezcle bien y ponga la pasta en el molde. Extiéndala y cueza el pastel 30 minutos. Déjelo enfriar en el molde. Luego, sáquelo y retire el papel, con cuidado. Espolvoree la superficie con un poco de azúcar glas y corte el *panforte* en porciones triangulares.

caprichos y bebidas

Es sorprendente lo fácil que resulta hacer dulces en casa, ¡y lo deliciosos que son! Siempre aportan un toque de lujo y sofisticación a una cena especial, y el hecho de que puedan prepararse con antelación es algo que se agradece cuando se tienen invitados. Pruebe las decorativas Colletes de chocolate y naranja *(véase pág. 159) o la irresistible* Fruta bañada en chocolate *(véase pág. 164), que es una alternativa ideal y más ligera al tradicional postre de las fiestas. Los bombones caseros, bien envasados, son un regalo navideño o para un cumpleaños que siempre tiene éxito. Las* Trufas de licor irlandés *(véase pág. 160) son sin lugar a dudas suculentas, mientras que el* Caramelo de moca y pacanas *(véase pág. 163) encantará a los entusiastas del caramelo.*

El chocolate se presta muy bien para preparar bebidas calientes, y combina de forma deliciosa con una amplia variedad de licores y bebidas alcohólicas. La Mexicana *(véase pág. 172) es una fabulosa combinación de café, chocolate y nata, mientras que en el* Café moca *(véase pág. 173) el chocolate queda seductoramente realzado con un helado con sabor a café. A los niños les encantará el* Batido rápido de chocolate *(véase pág. 170), incluso a aquellos a los que no gusta demasiado la leche.*

colletes de chocolate y naranja

cocción: 5-10 min

prep.: 40 min + 2 h en la nevera

para 20 unidades

Unos delicados capacillos de chocolate rellenos de una deliciosa pasta de trufa. Sólo su sabor es comparable a su aspecto.

variación

Si lo desea, prepare algunos de los capacillos, o todos, con chocolate blanco, o ponga chocolate blanco en el relleno de algunas *colletes*.

sugerencia

Para conseguir una ralladura fina de piel de naranja utilice un rallador, o saque tiras finas con un pelapatatas y después córtelas con un cuchillo.

INGREDIENTES

280 g de chocolate negro troceado

½ cucharadita de aceite de girasol

150 ml de nata espesa

la ralladura fina de ½ naranja

1 cucharada de Cointreau

PARA DECORAR

frutos secos picados

tiras finas de piel de naranja

1 Derrita 150 g de chocolate con el aceite (*véase* págs. 9-10) y remueva hasta que esté homogéneo. Unte uniformemente el interior de 20 capacillos de papel pequeños con una capa gruesa de chocolate. Déjelos 1 hora en la nevera o hasta que se endurezcan. Aplique una segunda capa de chocolate, volviendo a fundirlo si fuera necesario. Déjelos 1 hora en la nevera o hasta que hayan cuajado del todo.

2 Ponga la nata y la ralladura de naranja en un cazo, y caliéntelo hasta que casi llegue a hervir. Retírelo del fuego, añada el resto de los trozos de chocolate y remueva hasta que esté suave. Vuelva a poner el cazo al fuego y remueva hasta que empiece a burbujear. Retírelo del fuego y agregue el Cointreau. Déjelo enfriar. Quite el papel de los capacillos de chocolate.

3 Bata la crema de chocolate hasta que esté espesa y pásela a una manga pastelera equipada con una boquilla acanalada. Rellene los capacillos con la crema de chocolate. Decore algunas de las *colletes* con frutos secos picados y otras con unas tiras de ralladura de naranja. Guárdelas en la nevera, tapadas. Consúmalas como máximo entre 2 y 3 días.

trufas de licor irlandés

para unas 24 unidades **prep.: 35 min + 10-12 h en la nevera** **cocción: 5-10 min**

Sencillas de hacer, las trufas impresionarán a sus invitados al final de una cena. También son el regalo ideal para los adictos al chocolate.

INGREDIENTES

150 ml de nata espesa

225 g de chocolate negro troceado

25 g de mantequilla

3 cucharadas de licor irlandés de whisky, tipo Bailey's

115 g de chocolate blanco troceado

115 g de chocolate negro troceado

variación

Use brandy, ron o Grand Marnier en lugar del licor de whisky. Después de rebozar las trufas con el chocolate, páselas por unos frutos secos picados.

sugerencia

Si la consistencia de la pasta al sacarla de la nevera es demasiado dura para hacer las trufas, déjela unos minutos a temperatura ambiente para que se ablande.

1 Caliente la nata en un cazo, a fuego lento, sin dejar que hierva. Retírela del fuego y añada el chocolate y la mantequilla. Espere 2 minutos y después remueva hasta que esté suave. Agregue el licor. Vierta la crema en un bol y deje que se enfríe. Tape el bol y déjelo en la nevera 8 horas o toda la noche, hasta que la pasta se haya endurecido.

2 Forre una bandeja para el horno con papel vegetal. Vaya cogiendo cucharaditas de pasta de chocolate y haciendo bolitas. Déjelas en la bandeja preparada y guárdelas en la nevera 2-4 horas o hasta que estén firmes. Derrita el chocolate blanco (*véase* págs. 9-10) y espere a que se enfríe un poco.

3 Bañe la mitad de las trufas en el chocolate blanco pinchándolas con un palillo. Déjelas sobre papel vegetal para que cuajen. Derrita el resto del chocolate negro, déjelo entibiarse y bañe la otra mitad de las trufas. Puede guardarlas en la nevera, en un recipiente hermético y separadas por capas de papel vegetal, hasta 1 semana.

trufas de chocolate blanco y pistacho

cocción: 5 min | **prep.: 30 min + 10 h en la nevera** | **para 26-30 unidades**

Estas suculentas trufas aportan un toque lujoso al final de una comida ligera. Quedan muy vistosas servidas en un platito de cristal.

variación

Utilice chocolate aromatizado, por ejemplo, con café o naranja, y mézclelo con avellanas, nueces o almendras picadas.

sugerencia

Las trufas llaman más la atención si no son perfectamente redondas. Rebócelas muy ligeramente con azúcar glas, para que no queden demasiado dulces.

INGREDIENTES

100 g de chocolate blanco troceado

15 g de mantequilla

75 ml de nata espesa

25 g de pistachos sin sal, pelados y picados finos

azúcar glas, para rebozar

1 Ponga el chocolate, la mantequilla y la nata en un cuenco resistente al calor, y encájelo en un cazo con agua hirviendo a fuego lento. No lo remueva hasta que todo se haya fundido. Retire el cuenco del fuego, remueva con suavidad y después incorpore los pistachos. Deje enfriar la pasta, cubra el cuenco con plástico de cocina y déjelo en la nevera 8 horas o toda la noche.

2 Forre una bandeja para el horno con papel vegetal. Vaya cogiendo cucharaditas de pasta y formando bolitas. Ponga las trufas en la bandeja preparada y métala en la nevera. Déjela 2 horas o hasta que las trufas se hayan endurecido.

3 Justo antes de servir las trufas, rebócelas con azúcar glas.

caramelo de moca y pacanas

cocción: 15-20 min **prep.: 15 min + 2 h para que cuaje** **para 80 porciones**

Con esta receta tendrá caramelo para ir picando, para ofrecer a sus invitados, e incluso para regalar.

variación

Puede sustituir las pacanas por pistachos sin sal, nueces de Brasil, almendras o nueces.

sugerencia

Para medir con precisión la temperatura del caramelo, un termómetro para azúcar es lo mejor. Los venden en las tiendas de artículos de cocina.

INGREDIENTES

300 ml de leche

1 kg de azúcar rubio

250 g de mantequilla, y un poco más para engrasar

2 cucharadas de café soluble

2 cucharadas de cacao en polvo

2 cucharadas de sirope dorado

400 g de leche condensada

115 g de pacanas, peladas y picadas

1 Engrase un molde para brazo de gitano de 30 x 23 cm. Ponga la leche, el azúcar y la mantequilla en un cazo grande. Remueva a fuego suave hasta que el azúcar se disuelva. Añada el café, el cacao, el sirope y la leche condensada.

2 Llévelo a ebullición y deje que hierva, sin bajar el fuego ni dejar de remover, durante 10 minutos o hasta que alcance los 116 °C de temperatura (mídalo con un termómetro para azúcar), o hasta que al dejar caer una gotita en agua fría se forme una bolita blanda.

3 Déjelo enfriar 5 minutos y después bátalo con energía con una cuchara de madera, hasta que empiece a espesarse. Agregue los frutos secos. Siga batiendo hasta obtener una consistencia de caramelo. Viértalo rápidamente en el molde y déjelo en un lugar fresco hasta que cuaje. Sirva el caramelo coartado en porciones cuadradas.

fruta bañada en chocolate

para 4 personas **prep.: 15 min + 30 min en la nevera** **cocción: 5 min**

La fruta fresca bañada en chocolate queda muy bonita y es más ligera que los bombones, así que es perfecta para servirla con el café al final de una copiosa comida.

INGREDIENTES

12 cerezas grandes, con los rabillos

12 alquequenjes

200 g de chocolate negro troceado

1 cucharada de aceite de girasol

variación

Unas fresas pequeñas serían una buena alternativa o complemento para las cerezas y los alquequenjes.

sugerencia

Estas frutas bañadas en chocolate son un adorno perfecto para pasteles y postres, especialmente espolvoreadas con azúcar glas.

1 Forre una bandeja para el horno con papel antiadherente. Lave y seque las cerezas. Recoja hacia atrás el cáliz de los alquequenjes y retuérzalo para convertirlo en un «asa».

2 Ponga el chocolate y el aceite en un pequeño bol resistente al calor y encájelo en un cazo con agua hirviendo a fuego lento. Cuando el chocolate se haya fundido, retire el cazo del fuego, remueva y deje que se entibie. Moje la fruta en el chocolate y deje caer el exceso de nuevo en el cuenco. No hace falta que la fruta quede totalmente recubierta de chocolate. A veces queda mejor si no lo está.

3 Deje la fruta en la bandeja preparada. Si el chocolate forma un charquito sobre el papel es que está demasiado caliente, así que déjelo enfriar un poco. Si el chocolate del cuenco empieza a endurecerse, caliéntelo a fuego lento sobre el cazo de agua. Ponga la fruta bañada en la nevera y déjela 30 minutos o hasta que el chocolate haya cuajado, y después retire el papel. Sírvala sola o como decoración de algún postre.

empedrado de nueces de brasil

cocción: 10 min **prep.: 20 min** **para unos 20 trozos**

Trozos de caramelo, chocolate blanco y nueces de Brasil incrustados en chocolate negro. Para un resultado óptimo, hágalos con chocolate de la mejor calidad posible.

sugerencia

Ponga el empedrado en una fuente o un recipiente hermético, tápelo y guárdelo en un lugar fresco. También puede dejarlo en la nevera hasta 3 días.

INGREDIENTES

aceite, para untar

350 g de chocolate negro troceado

85 g de nueces de Brasil, peladas y picadas

175 g de chocolate blanco, picado grueso

175 g de caramelo, picado grueso

1 Unte con aceite la base de un molde para pastel cuadrado de 20 cm y fórrela con papel vegetal. Derrita la mitad del chocolate negro (*véase* págs. 9-10) y extiéndalo sobre el papel.

2 Esparza las nueces de Brasil, y los trozos de chocolate blanco y de caramelo. Derrita el resto del chocolate negro y viértalo por encima.

3 Espere a que el empedrado se endurezca y después rómpalo en trozos desiguales con la punta de un cuchillo resistente. Sírvalos en una fuente bonita.

bocaditos de albaricoque y almendra

cocción: 4-5 min **prep.: 10 min + 2-4 h para que cuaje** **para 24-28 unidades**

Estos deliciosos bocaditos son muy rápidos y fáciles de preparar. El capricho perfecto para acompañar el café al final de una comida.

variación

Esta receta también quedaría bien con dátiles. Sustituya los orejones por la misma cantidad de dátiles picados.

sugerencia

Estos dulces los pueden preparar los niños, siempre y cuando alguien les ayude a derretir el chocolate.

INGREDIENTES

115 g de chocolate negro troceado

2 cucharadas de miel fluida

115 g de orejones de albaricoque que no requieran remojo, picados

55 g de almendras escaldadas, picadas

1 Ponga el chocolate y la miel en un bol resistente al calor y encájelo en un cazo con agua hirviendo a fuego lento. Espere a que el chocolate se haya fundido.

2 Añada al chocolate los orejones y la almendra picada.

3 Ponga cucharaditas de pasta en capacillos de papel. Déjelos 2-4 horas para que se solidifiquen, y sírvalos cuando se hayan endurecido.

torrone molle

para 24 unidades **prep.: 30 min + 8 h en la nevera** **cocción: 15 min**

Esta especialidad italiana consiste en una suculenta combinación de chocolate negro de la mejor calidad, frutos secos y galleta.

INGREDIENTES

aceite, para untar
175 g de mantequilla ablandada
175 g de chocolate negro fundido (*véase* págs. 9-10)
55 g de nueces peladas y picadas gruesas
55 g de almendras escaldadas y picadas gruesas
55 g de avellanas peladas y picadas gruesas
115 g de azúcar lustre
3 cucharadas de agua
1 cucharada de brandy
175 g de galletas, por ejemplo, de mantequilla

variación

Si lo desea, sustituya el brandy por ron y las avellanas por pacanas.

sugerencia

Si pica los frutos secos en la picadora, procure no triturarlos demasiado, pues quedarían aceitosos y estropearían el resultado.

1 Unte con aceite un molde para brazo de gitano de 28 x 20 cm. Ponga la mantequilla ablandada en un cuenco y bátala con el chocolate fundido hasta que esté suave. Agregue las nueces, las almendras y las avellanas. Ponga el azúcar y el agua en un cazo de base gruesa, y caliéntelo hasta que el azúcar se haya disuelto.

2 Deje que hierva hasta alcanzar los 116 °C medidos con un termómetro para azúcar, o bien cuando al dejar caer una gota del caramelo en agua fría se forme una bolita blanda. Deje que se enfríe unos minutos y después bátalo enérgicamente. Incorpórelo al chocolate, sin dejar de remover, hasta que esté homogéneo.

3 Agregue el brandy. Rompa las galletas en trozos e incorpórelas con cuidado en el chocolate al caramelo. Extienda la pasta en el molde y presione para alisar la superficie. Tápela y déjela en la nevera 8 horas o toda la noche. Saque el *torrone* de la nevera justo antes de servirlo, y córtelo en trocitos romboidales.

batido rápido de chocolate

para 2 personas **prep.: 5 min** **cocción: 0 min**

He aquí una estupenda forma de animar a los niños a beber leche. Por supuesto, también los adultos se dejarán tentar.

INGREDIENTES

6 cucharadas colmadas de helado de vainilla
4 cucharadas de cacao en polvo para batidos
300 ml de leche
1 barrita de chocolate en copos, desmenuzada gruesa
canela molida, para espolvorear

variación

Si prefiere un batido con más sabor a chocolate, use helado de chocolate y espolvoree con un poquito de cacao en polvo.

1 Ponga el helado de vainilla, el cacao y la leche en una batidora o un robot de cocina.

2 Bátalo durante 30 segundos y a continuación repártalo entre 2 vasos altos.

3 Espolvoree con los copos de chocolate y un poco de canela, y sirva el batido con cañitas, si lo desea.

auténtico chocolate a la taza

cocción: 5 min **prep.: 5 min** **para 1-2 personas**

Cuando haya probado este chocolate, no podrá prescindir de él. Prepárelo con chocolate de la mejor calidad posible.

variación

Encontrará chocolate en polvo para espolvorear capuchinos en la mayoría de los grandes supermercados, en la sección de cafés. Puede sustituirlo por cacao en polvo para batidos.

INGREDIENTES

40 g de chocolate negro troceado

300 ml de leche

2 cucharadas de nata para montar, para adornar

chocolate en polvo, para espolvorear

1 Ponga el chocolate en una jarra de medir resistente al calor. En un cazo de base gruesa, lleve la leche a ebullición. Vierta una cuarta parte de la leche sobre el chocolate y espere a que se haya ablandado.

2 Bata la leche con chocolate hasta que esté homogénea. Vuelva a poner el resto de la leche a calentar, hasta que hierva, y después viértala sobre el chocolate, sin dejar de remover.

3 Vierta el chocolate en tazas precalentadas y ponga encima un poco de nata montada. Espolvoree con chocolate en polvo y sírvalo inmediatamente.

mexicana

para 2 personas **prep.: 5 min** **cocción: 0 min**

La combinación de chocolate, café y ron hace de ésta una bebida muy tonificante. Sírvala en vasos altos resistentes al calor.

INGREDIENTES

25 g de chocolate negro
300 ml de café exprés caliente
25 g de azúcar lustre
1 cucharada de ron

PARA DECORAR

2 cucharadas de nata montada
café molido

variación

Si va justo de tiempo, use nata de spray. Simplemente agite bien el bote, deposite la nata sobre la bebida y sírvala.

1 Ponga el chocolate, el café y el azúcar en una batidora o un robot de cocina.

2 Bata hasta que esté homogéneo, añada el ron, remueva y vierta la bebida en 2 vasos altos resistentes al calor.

3 Ponga un poco de nata montada y decore con un poquito de café molido. Sírvalo inmediatamente.

café moca

cocción: 5 min **prep.: 5 min** **para 2 personas**

Una pura delicia para los amantes tanto del café como del chocolate. Compre helado de la mejor calidad posible, o prepárelo usted mismo.

sugerencia

Si lo prefiere, o para variar, sustituya el helado de café por otro de chocolate o de vainilla.

INGREDIENTES

55 g de chocolate negro troceado

2 cucharadas de agua

25 g de azúcar lustre

225 ml de leche

125 ml de café exprés bien cargado, recién hecho

2 bolas de helado de café

2 cucharadas de nata montada, para decorar (opcional)

1 Ponga el chocolate, el agua y el azúcar en un cazo de base gruesa, y caliéntelo a fuego lento hasta que se haya fundido. Remueva hasta que esté suave. Reserve un poco de salsa para decorar.

2 Incorpore la leche al resto de la salsa de chocolate. Reparta el café entre 2 vasos calientes y vierta por encima la leche chocolateada.

3 Añada el helado y rocíe con la salsa de chocolate reservada. Remate con una cucharada de nata montada, si lo desea, y sirva el café moca.

índice

índice